慶応卒の落語家が教える

「また会いたい」と思わせる気づかい

立川談慶
落語立川流真打ち

WAVE出版

まえがき　気づかいは自分の将来への投資

私の本を最初に評価してくださったのは、水道橋博士《すいどうばしはかせ》さんでした。２０１３年７月に刊行した『大事なことはすべて立川談志に教わった』（ベストセラーズ）を、「徒弟制度のバイブルだ」と評してくださり、若手芸人に何冊も配ってくださったとのことです。

そのご縁で現在、博士さんの「メルマ旬報」に、毎月レギュラー連載「アマデウスの噺《はなし》～立川流の天才論」を書かせていただいております。

私の師匠、談志は天才でした。

これは、一方的な弟子の身びいきではありません。

落語に対する定義づけをおこなったのは、落語史上じつは談志が初めてでしたし、名声を買われて国会議員にもなっています。

さらに、自ら立川流という団体を創立して家元となり、数多《あまた》の優秀な弟子たちを育て上げました。志《し》の輔《すけ》、談春《だんしゅん》、志《し》らく……いずれも立川流創設後の俊英の先輩方です。

さらに、師匠の魅力は、そんな巷間《こうかん》で伝わるだけの天才性だけではありません。ズバリ、立川談志は「人たらし」でした。弟子、落語ファンのみならず、女性はもちろん、お年寄りから子どもにまで愛されていました。

「女たらし」は忌《い》み嫌われますが、「人たらし」だと評価はがらりと変わります。

本文で後述しますが、私は前座《ぜんざ》という落語家の修業期間を卒業するのに、9年半もかかってしまいました。

その前座だったころ、修業中の身分にもかかわらず、結婚するという〝ご法度《はっと》〟を犯した私のカミさんに「何かあったら力になります」と、直筆の手紙を送ってくれました。カミさんは、いまだにそれを宝物にしています。

私が真打ちに昇進し、そのお披露目となる落語会の楽屋でも、当時よちよち歩きの私の子どもたちに、にこやかに話しかけていました。

師匠は「落語家は、人をたらし込むのが商売なんだぞ」ということも教えてくれていたのかもしれません。

「そんな人たらしたちが、キラ星のごとくひしめく立川流の中で、おくれを取っていても、その過酷な環境で、自らの資質と向き合い、開花させるべき状況を客観的に見つめ、実践した話を書いてもらいたい。モーツァルトに対するサリエリの目線で」

博士さん直々の注文により、私は毎月、いまは亡き師匠の言動を振り返る供養《くよう》のような連載をつづっています。

毎月5000字を書き続けながら、冷静になって考えてみました。

「人生とは、いかに主導権を握るかの長期戦ではないか」と。

あなたの会社にも、上司や先輩がいると思いますが、彼らとの関係において、自分が主導権を握っているという人はほとんどいないでしょう。

しかし、その数は少なくても、実際に主導権を握っている人はいるのです。

「世の天才と、対等とまではいかずとも、少なくとも自分の居場所を確保した上で、自分なりに主導権を握った闘いをするためにはどうすればいいいか」

世の中には、談志に限らず天才がいます。

私たちは、そういう人たちと同じ土俵で仕事をしなくてはなりません。私も、天才たちの天才たるゆえんを、ずっとつぶさに観察し続けました。

結果「天才の素粒子《そりゅうし》となる要素」の存在に気づきました。

それが「気づかい」だったのです。

私も、談志や一門の先輩方が実践していた何気ない気づかいを、自らにも施《ほどこ》していけば、一端《いっぱし》の落語家にはなれるのではないかと思い、行動に移したところ、長年の前座生活から卒業でき、二つ目、真打ちへと昇進できました。

そんな自らの経験でわかってきました。業界の内外で名を成す人たちは、皆一様に人たらしであり、最初から天才だったというよりも、気づかいを天才的に駆使した結果、いまのポジションを得た人たちだったのです。

ならば、そんな人たらしの気づかいについて徹底的に分析し、追求すれば、いつも主導権を握れて自分らしい面白い人生を送れ、仮に天才との勝負になっても自分の戦いに持ち込めるのではないか、との思いで一気に書いたのがこの本です。

気づかいさえあれば、確実に成功するとまでは言えませんが、絶対に失敗しないレベルまでは行けます。

ただ、気づかいという「他者に気をつかう行為」は、短期的に見れば「損失」かもしれず、実際にそういうイメージがあることは否《いな》めないでしょう。ですが、ささやかな損失を充分に回収できる行為こそが、「気づかい」なのです。

相手や場面に応じて、ちょっとした心配りや労力を割く必要はありますが、それはのちのち大きな「糧《かて》」となってあなたにかえってきます。長い前座期間を過ごしましたが、いまではこうして真打ちとなり、ビジネス書まで執筆している私が、その証《あかし》です。

つまり、長い目で見れば「投資」なのです。まさに「損して得取れ」という長期的発想であります。「人たらしの気づかい」ができれば、それは可能なのです。

読み終えたあなたが、いままでとは違ったあなたになっていることを約束します。

落語立川流真打ち　立川談慶

慶応卒の落語家が教える「また会いたい」と思わせる気づかい●目次

第2章　究極の気づかいは「目」から始まる

第3章　まわりから好かれている「気づかい屋」の習慣

第4章　売れっ子の芸人が営業先で心がけていること

第5章　人の心を動かして、人生の主導権を取り戻そう

第1章

昇進を先に越された理由は「気づかい」だった

なぜ落語家は食べていけるのか？

この本は「気づかい」という言葉にスポットを当てましたが、なぜ落語家の私がこのテーマで書くようになったか、その理由からお話ししましょう。タイトルこそ「気づかい」ですが、じつはビジネスの深い部分を突いたテーマでもあります。

私の長年の疑問の一つに、「落語家ってテレビにも出ていないのに、なぜご飯が食べていけるのか？」というものがありました。自身がまさに落語家でありながら、いまだにこの難問に答えられないでいます。

東京と上方《かみがた》で、合わせて900人近くの落語家がいると言われています。なかには途中で辞めてしまう人もいますが、**実際には「もう食べていけません」という理由で廃業する人は滅多にいない**のです。

もっとも、以前に比べれば、私も全国ネットのテレビに出演させていただくようにはなりました。ですが、それでもやはり落語に軸足を置くべく活動しています。

ここが、ほかの芸人やタレントさんたちと一線を画すところ。つまり「テレビでの活動がメインになるかサブになるか」の違いです。

テレビでのタレント活動が主な収入源の落語家もいますので、一概に「落語家は」と明確に線引きできませんが、大多数は寄席《よせ》などの落語家としての活動が基本です。テレビ出演は、あくまでサブ。**ダイレクトにお客様と接するのが、落語家としてのメインであり、基本姿勢なのです。**

この姿勢にもつながり、ほかのお笑い芸人などの芸能人各位と、明らかに区別されるのが「修業期間の有無」です。東京の落語界では「前座修業」と言いますが、上方の落語界では「年季」と称され、ともに「奉公期間」であるという点では同じです。

落語家は、最初は誰もがファンの状態からスタートします。それがいつしか病が高じて、大好きな師匠と同じような落語をやってみたいと思うようになるのです。

「自分もプロになりたい」「プロになって思う存分、落語家として活躍したい」「面白い落語家になって売れたい」など、さまざまな思いをめぐらせ、ターゲットとなる師匠に弟子入りを決意します。かつての私もそうでした。

弟子入り希望を伝え、入門が許可されると、誰もが見習いから始めます。それから前座名をもらい、落語家としてのキャリアをスタート。

修業を明けると、晴れて二つ目になり、自由な活動が許されます。そして、さらなる高みである真打ちに昇進していき、目指すは大看板です。

これが、落語家が例外なく目指す道なのです。

落語家は日本で最も気づかいが求められる

「なんで、そんな回り道をするんだろう？　師匠に才能があると見込まれたら、さっさと二つ目から始めたらいいのでは？」

一般の方からすれば、このような疑問もわくでしょう。

なぜ「前座修業」が必要なのでしょうか？

答えを言ってしまうと**「落語家というのは、センスもさることながら、それ以上にテクニックが必要な稼業《かぎょう》だから」**なのです。そこが、吉本興業などが主催する、いわゆるお笑い養成所経由のタレントさんと違う点です。お笑いタレントさんは、活動の場はテレビがメインです。それゆえ、瞬間的かつ反射的なセンスこそすべて。

対して落語家は、落語のテクニックはもちろん、まずは師匠や兄弟子に対する楽屋作法など、先輩方への気づかいというテクニックを身につけなければなりません。

この通過儀礼を経ないと、プロとして存在を認めてもらえないのが、落語界のしきたりなのです。何せ、お客様とダイレクトに接する仕事ですから。

また、寄席のスタッフさんをはじめ、地方に行く際は呼んでくださった方々にも気づかいが必要ですし、地元の有力者の方々にも失礼があってはいけません。**この点、一般のビジネスパーソンの方々と同じか、場合によってはそれ以上の気づかいが必要になってきます。前座修業は、絶対に必要なのです。**

さらに、前座が覚えなければならない仕事は多岐《たき》にわたります。師匠の家の掃除から始まって、楽屋作法、高座返し、対師匠方の御用聞き……。これらを身につけるためには、修業という長い期間がどうしても必要です。そもそも、前座が身につける、このような一連の動きこそ「気づかいの体現」そのものであるとも言えます。

「なぜ落語家は、テレビに出なくても食べていけるのか？」は、落語家にとってテレビがメインではないということと、プラス**「前座修業」＝「気づかい強制期間」を経験しているから**というのが、ひとまずの答えです。

では、なぜ気づかいが、それほど重視されるのでしょうか？

前座の仕事は師匠を快適にすること

1991年春、私はそれまで勤めていた大手下着メーカーのワコールを退社し、立川談志の18番目の弟子として、晴れて入門が許可されました。

ワコール勤務時代は、福岡佐賀地区の路面店を担当し、サラリーマンとしていかに合理的に動けばよいのかわかりかけてきたころでした。当時25歳。いまでこそ立川流でも、40過ぎで入門する者もいて、かなりの高齢での落語家志望者が増えてきていますが、当時は遅いと言われていました。

ですが「(兄弟子の）志の輔師匠は29歳で入門し、1年そこそこで二つ目に昇進して、トータル7年で真打ちになった」という「伝説」が、私に妙な自信をもたらしていていました。

そんな甘さが、のちのちの9年半にもわたる、長い前座修業の原因になるとは、もちろん当時は思いもよりませんでした。

「師匠もすぐに落語を教えてくれるだろう」という甘い考えもありました。

そんな私をあざ笑うかのように、入門当日、師匠に言われたのがこの言葉でした。

「俺を快適にしろ」

それが前座の仕事だというのです。私からすれば青天の霹靂《へきれき》でした。

当時の私は、前座修業を「養成所」だと考えていたのです。つまり師匠への上納金は「授業料」であり、その授業料に対する等価として、「談志による落語のレクチャーがある」と考えていました。

ちなみに、この「上納金」というシステムは、他団体ではあり得ません。言い訳になりますが、この独特のシステムが、そのような誤解を招いていたとも言えます。

上納金は、授業料ではありません。これは、談志が「甘えている」と判断した弟子に対して、「カネを取るという、あえて野暮なことを強制的におこなえば、弟子は外部に向かって働きかけざるを得なくなるだろう」という、甘えさせないための狙い（親心）だったのです。強《し》いて言うならば、「名義使用料」でしょうか。

いずれにしても、「師匠から教えを乞《こ》う際の手間賃」に相当する月謝とは違います。

「気づかい」と「成功」の確率は比例する

ある方に言われたのですが、「それって、吉田松陰《よしだしょういん》の松下村塾《しょうかそんじゅく》と同じですよね」とのこと。**吉田松陰に教えを乞うべく入門した幕末の若き志士たちに対し、松陰は「ところで、きみは僕に何を尽くしてくれるのかね」と、きっぱり言い切ったそうです。**

これこそが「教育の原点」ではないかと思います。教える側、つまり発信者側のコンテンツより、教わる側、つまり受信者側の感受性こそが肝心なのです。

「自分が師匠に何をしてもらうかではなく、自分が師匠に何をできるか」

師匠を快適にすることの中から、芸人としての可能性を見出そうというのが、「俺を快適にしろ」という言葉の深い意味なのです。つまり「俺（談志）という天才を快適にすることができ続ければ、世間の評価はあとからくる」ということです。

いまでこそ当時の師匠の短いセリフに補助線を引き、裏側の意味を把握できるようにはなったのですが、あのころはそんなゆとりも落ち着きもありませんでした。

ですが、これは落語家に限った話ではなく、一般のビジネスパーソンでしたら、どの方にも当てはまる言葉だと思います。

「自分が会社や上司に何をしてもらうかではなく、自分が会社や上司に何をできるか」

こう考えて実行している人が出世したり、成功したりするのは、ある意味で当然のことでしょう。

さらに、師匠はこうも言いました。

「不合理、矛盾《むじゅん》に耐えることを修業という」

この言葉も天才からの教えですが、弟子にしてみれば「天災」以外の何物でもありません。いずれにしろ、この「不合理、矛盾に耐えろ」と、先ほどの「俺を快適にしろ」とで、立川流の前座修業はワンセットになります。

ただ、師匠のみピンポイントで、快適にさせればいいというのではありません。そのプロセスの中で、自らの芸人としての枠を拡大できるかどうかこそが、前座修業において最も大事なポイントなのです。不合理に耐えることは、その一環であり、長い前座修業において、忍耐力が必要となってくるのは当然のことでしょう。

師匠への気づかいだけでは不充分です。寄席に前座として入れば、楽屋で先輩方に労働力を提供するのも大事な気づかいです。

「○○師匠は、熱いお茶が好き」「△△師匠は、高座に上がる前にお茶ではなく白湯《さゆ》を飲む」「××師匠は座布団をうしろに置く」など、先輩方落語家各位へのパーソナルな気づかいが要求されます。

それをしくじると大変です。先輩方は師匠より若く、血気盛んですから、猛烈に厳しい小言が待っていたりします。前座は、全方位に気づかいを要求されるのです。

はっきり申し上げて、不合理なことで怒られることも多く、正直、当初は戸惑いばかりでした。怒鳴られて寄席のあとで人知れず泣きながら帰ったことすらありました。

ですが、いま振り返ると、そのおかげで「芸のタフさ」を身に着けていただけたような気がします。「お前はこんなきつく面罵《めんば》されても、落語を続けたいのか」という覚悟は、そこでつちかわれました。

師匠や先輩方への気づかいが、自己成長への気づかいへと変換できるかどうか。あくまで気づかいとは、結果として自分へと還元されるものなのです。

非常にドライな言い方をすれば、師匠とは気づかいのための単なる媒体に過ぎません。これが徒弟制度の本質なのです。不合理である一方、非常に合理的でもあります。

談志だって前座をやっていた

前座修業は公平なシステムです。「落語家になりたい」という人間の夢をかなえるための通過儀礼が、前座修業だと考えてみてください。談志のような天才から私のような鈍才まで、同じ落語家というフィールドに立たせてもらえているのは、共通体験である前座修業を経ているからだ、と言っても過言ではありません。

それにしても、弟子からすれば、あの立川談志に前座だった時期があるというのは、なんだか信じられません。**兄弟子の志らく兄《あに》さんは「うちの師匠に師匠がいたなんてこと自体が信じられない。まして小《こ》さん師匠の弟子だったなんて」と言ったことがあります。**あの談志ですら、入門から前座としてスタートしたのです（ちなみに、立川談志の師匠は、落語家として初の人間国宝に認定された5代目・柳家《やなぎや》小さん師匠です）。

ただ、やはり「梅檀《せんだん》は双葉《ふたば》より芳《かんば》し」のたとえどおり、入門した当座から才気煥発《さいきかんぱつ》だったばかりではなく、革命児的に振る舞ってきたとのことでした。

師匠は1952年、先代・柳家小さん師匠門下に入門しました。戦後間もない当時、師匠は16歳。「あのころは小さん師匠の目白の家とて、質素な佇《たたず》まいだった。落語家だけではなく、日本全体が貧乏だった」とはよく述懐していたものです。

その後、「落語は一度聴いたらすべて頭に入る」という天性の耳、そして抜群のセンスとテクニックで周囲を認めさせていくことになりますが、それもさることながら、談志は寄席での目まぐるしい立ち居振る舞いで、周囲の目を引くことになります。

まだ終戦と呼ぶにふさわしい時期で、心がささくれ立つような最中の寄席の楽屋です。豪快な芸人たちがたむろしていたはずでしょう。パワハラなんか当たり前、いままでは想像できないような圧迫感があったはずです。

事実、後年、師匠は「給仕のように汗みずくになって日々働いた」と、最初の著書『現代落語論』（三一書房）にも書いています。それこそ押しつぶされそうなはずの環境の中、目端《めはし》を利かせて、２年で前座修業をクリアしました。

もちろん談志だけではなく、小さん師匠もそうですし、５代目・古今亭志ん生《ここんていしんしょう》、６代目・三遊亭圓生《さんゆうていえんしょう》、８代目・桂文楽《かつらぶんらく》といった「昭和の大名人」とうたわれている方々も、前座修業という道筋をたどってその地位を確保してきたのです。

「員数外の扱い」だった９年半

そんな前座修業を私は、９年半もの長きにわたって経験してきました。

これは他団体の前座と比べると、約３倍の長さになります。立川流に限っても長いほうです。しかし、そうなるのも当然でした。

立川流では、師匠が健在だった当時は、二つ目という「前座卒業のレベル」には「落語50席プラス歌舞音曲《かぶおんぎょく》」、真打ちという「弟子を取ることを許されるレベル」には「落語100席プラスさらなる高度な歌舞音曲」と、明確な昇進基準がありました。たしかに昇進基準は厳しいのですが、立川流においては、それがはっきりしていたのです。

よほどマスコミでブレイクすれば話は別ですが、原則「入門してからの年数」で順次平等に昇進していくのが、落語協会を始めとする他団体の昇進基準です。ゆるい基準ではありますが、じつに曖昧《あいまい》なのです。

それに対して、かつて存在した「真打ち昇進試験」をめぐり、落語協会を脱退した経緯で創設されたのが立川流です。**昇進基準が厳しくなるのは必然でもありました。**

前座を終え、晴れて二つ目になると、楽屋仕事から解放されます。毎日、師匠のもとに通う必要もなくなり、落語家として自由な活動を許されるようになるのです。

それゆえ、真打ちこそが一人前のポジションではありますが、多くの落語家が「真打ちになったときより、二つ目になったときのほうが嬉しい」と口にします。前座は、言ってみれば「員数外扱い」されるポジションなのですから、それも当然のことです。

私は、落語家として、この「員数外扱い」される時期が9年半もあったのです。これは苦痛以外の何物でもありませんでした。

噺が下手だから前座なのではない

よその一門に入門した後輩たちは、３年ぐらいでみんな二つ目に上がります。同期入門者なぞは「もう少しで真打ち」というランクにまでなっていました。

こうなると、落語会で前座として入ったときには、後輩の着物を畳まないといけない立場になります。実際、そんな場面に接しましたが、向こうから「兄さん、それは勘弁してくださいよ」と断られました。こんな時期が続くと、人間ふて腐《くさ》れるものです。

そんなとき、一門の先輩であるぜん馬《ば》師匠に言われました。

「前座って、そのときは、たしかにきつい時期だけれども、**これをやっておくかやっておかないかで、後々の扱いががらりと変わる**んだ。きちんとした形でやっておかないと、あとで何を言われるかわからないもんだよ」

実際、大学の落語研究会で「うまいなぁ」と思っていた先輩の何人かに「なぜ落語家にならなかったのですか?」と聞いたことがありますが、おしなべて「落研で4年間も好き勝手やったあとで、また一から前座としてやるのが苦痛だった」と答えました。

つまり、プロになろうとする側の人たちから見ると、前座修業とは「非常に高い参入障壁」なのでしょう。逆に、プロ側からみれば前座修業とは、プロになる覚悟のない人たちからこちら側を守るための「防御壁」なのです。ズバリ言うならば、プロとアマの差とは「前座修業の有無」だけとも言えます。落語テクニックの優劣は二の次。**「前座は噺が下手なのではない。気づかいが下手なのだ。昇進の早い・遅いも、すべて気づかいの差」**ということなのです。

人は「気」で動いている

さて、「気づかいの差」という言葉が出てきましたが、そもそも「気」とは、いったいなんでしょう?

「気」のつく言葉を、ここで考えてみます。

「元気」「やる気」「勇気」などはもちろん、「火気」「電気」「水蒸気」「磁気」「熱気」などといった言葉から見ると、「気」の背後には、「何かを動かすパワー」のようなものを感じます。「気」は、あらゆるものを動かす源なのかもしれません。

しかも「気」というぐらいですから、目に見えない「気体」のような「雰囲気」がある気がします。

また、「陰気」な人とか、「邪気」を感じる人には近づきたくないのを照らし合わせると、陰が気にブレーキをかけているようなマイナスなイメージも浮かびます。

逆に「陽気」で「活気」あふれる人のそばに大勢の人が集まってくるのは、明らかに陽が「気」を活性化させているようなプラスな印象を持ちます。さらに「空気」と「湿気」は、生物が存在する大前提でもあります。

その絶大なるパワーである「気」を、人間社会において、上手に使ったり、配ったりすることで、思うがまま自由闊達《かったつ》に、人を恣意的《しいてき》にすら差配できるようにしてしまうもの、それが「気づかい」や「気配り」と言えます。

人は「気」で動きます。

たとえば、気になった人にときめくのが恋愛です。恋は気をもませます。その人のことだけに気を取られ、気が散ってしまうようになります。やがて、気が合い、つき合い始め、そして結婚に至ります。子どもが生まれ、年老いていくと、その子の将来も気になります。やがて老後のことをずっと気にかけながら、この世を去っていくのです。

学校でも、先生や先輩に気に入られるように振る舞いますが、それは苦労して入った会社でも同じです。ひたすら上司に気をつかい、いまどきですと、部下にもパワハラにならないように、女性社員にはセクハラにならないように、気を配るでしょう。

センスも運も気づかいに左右される

この世には「気」があふれています。**そんな見えない「気」をうまく差配し、操る「気づかい」を第一に問われるのが前座修業なのです。**

そんな前座修業ですが、私のように9年半という長期間に及んだ落語家もいれば、師匠のように2年、志の輔師匠の1年半、志らく兄さんの2年半と、短い人もいます。

なぜ、こんなことが起きるのでしょうか?

まずは「センスの差」でしょう。右にあげた前座修業期間が短い方々のその後の飛躍を見れば、一目瞭然です。さらに、置かれた状況や、タイミングなどの運的な要素も関係しているでしょう。志の輔師匠の場合は「創設したばかりの立川流として、成功事例をつくりたかったから、談志がすぐに二つ目にした」などと、よく言われています。**「なんだ、結局は才能と運か」と思われたかもしれませんが、じつは違います。この差が「気づかいの差」なのです。**

たとえば、いくら運に恵まれた人でも、気づかいができない人であれば、それを活かせません。そもそも、自分に「運気」があるとも感じられないでしょう。

また、センスに恵まれた人というのは、いったいどういう人なのかと考えた場合、「自分の内に秘めたセンスを表に出せる人」と言えるのではないでしょうか。

どれだけセンスがあっても、それを可視化させて、他人から「あの人はセンスがある」と評価してもらわなければ、意味がありません。

かといって、自分で「俺はセンスがある」と自称するようでは、それこそセンスがありません。さりげなく自分のセンスを表出させるもの、それが気づかいなのです。

兄弟子を抜いて昇進した談笑との差

これは、一般のビジネスパーソンの方でも同じでしょう。

誰もが最初のうちは「やりたくもない仕事＝雑用」を会社から振られると思います。センスも何も関係ないような仕事です。ですが、その中でも、やがて出世にバラつきが出てくるでしょう。

いろいろな会社があると思いますが、同期の中で最も早く雑用から抜け出せた人は、きっと「気づかい屋」ではありませんでしたか？

ある製薬会社で、新入社員に栄養ドリンクの箱詰めから始めさせたところ、自主的にＰＯＰを書いて売り場に添《そ》えた人が、何年かのち、同期の中で最も早くエリアマネージャーになったそうです。そうやって、自分のセンスを表出する気づかいができる人が出世・成功するのは、本当に当たり前のことなのです。

私が入門してからまず談志に言われた「俺を快適にしろ」は、気づかいレベルで言うなら、初歩的かつミクロな気づかいの要請でした。

マンツーマンで談志の生理、要は快不快を察知し、不快の芽を絶ち、できるだけ師匠が気持ちよく過ごせるように振る舞えばＯＫでした。立川流創設当初は、それプラス落語50席をまっとうすれば合格、つまり二つ目昇進となったのでしょう。

その後、師匠自身が落語と格闘し続ける中でたどり着いた結論が、新たに付加された歌舞音曲です。師匠としては「俺の身のまわりの世話だけが前座の仕事ではない。それより俺が求める歌舞音曲こそが、将来の落語家に問われるはずだ」というメッセージを送っていたはずでした。**しかし、それに対して恐ろしく鈍感だった私は、結果として長期間の前座生活を余儀なくされたのです。**

そこに、私よりあとから入門した弟弟子の談笑《だんしょう》が、師匠の「方向転換」に対して敏感に気づかいを施し、談志に認められ、３年ほどで二つ目へと昇進しました。

彼の「師匠好みの歌舞音曲を身につけよう」という気づかいには、いま思い返しても凄いものがありました。「都々逸《どどいつ》を覚えろ」と号令が下ると、談笑はその川上の長唄までチェックしていたほどの気づかいを見せていたのです。

それは、『「いろは」』を覚えてこいと言ったら、なぜお前は『「いろは」』しか覚えてこないんだ」と言われ続けていた当時の私とは対照的でした。

「努力の差」は「気づかいの差」でもあったのです。

真打ち昇進の際での「抜いた・抜かれた」は、よくあることです。古くは春風亭小朝《しゅんぷうていこあさ》師匠が、36人抜きの昇進を果たしたことが大ニュースになりました。

ですが、二つ目昇進での「抜いた・抜かれた」は、落語界史上初の出来事でした。まして、談笑とはいまでもそうなのですが、当時も一番仲がよかったのです。

実際、彼は二つ目になるためのアクションを起こす際も「兄さん、今度いい小唄の音源入りました」「浪曲のテープ、〇〇図書館にチェックしに行きませんか」などと、健気《けなげ》にも私を巻き込んでくれようとしていました。「早慶卒」「社会人経験を経ての入門」などという共通項もあり、一緒に勉強会を開く間柄でもありました。

弟弟子に抜かれて悟った「気づかい」の正体

彼のそんな親切を、当時の私は「いくらがんばっても、師匠は順繰りに二つ目にするはずだから」と頑《かたく》なでした。師匠の身の回りの世話を彼らに任せ、結婚式の司会など脇の仕事も入り始めたころだったので、師匠との距離も乖離《かいり》しつつある状況でした。

その一方、師匠が時折発する「二つ目昇進のための細かい基準」に対し、その最も近くで談笑は敏感に受け止めていたのです。

私と彼との差が、師匠にはお見通しだったのでしょう。それを、あとから入ってきた人間を先に二つ目にするということで、見事に可視化してみせたのです。

悔しいどころの騒ぎではありませんでしたが、考えてみれば抜かれて当然です。


そこで私は、逆療法を決意します。「こんなんじゃダメだ。談笑のお披露目の会に、前座として手伝いに行こう。生き恥をさらそう」と決めました。

前代未聞となった弟弟子の二つ目昇進、そのめでたい席に楽屋の労働力として参加したのです。談笑は明らかにやりづらそうでしたし、半分は師匠への当てつけの意味もありました。

師匠は、そんな私の遅まきながらの「覚悟」を感じ取ってくれたのでしょうか、打ち上げの席でトイレに立った際に、「俺はお前を拒否しているわけじゃない。あいつは、ただ俺の基準を満たしただけだからな」と、言外に「そこまで俺に言わせるなよ」との思いを込めた言い方で伝えてくれました。

「小さな差を生む大きな一歩」と、かつてコマーシャルでそんなキャッチコピーが使われていたことがあります。あのときの悔しさは、いまでも忘れません。談笑に抜かれてから、さらに4年もの月日を要して、ようやく私は二つ目に昇進しました。

以前の私は「気づかいの正体」に気づいていませんでした。たとえば、師匠に「踊りを3曲覚えろ」と言われて、「はい、3曲覚えました」ではダメなのです。

ビジネスパーソンに置き換えるのならば、上司に「プレゼンの資料を金曜日の会議までに仕上げてきて」と言われたら、言葉どおり金曜日に仕上げていてはいけません。水曜日に仕上げて、事前の準備期間を上司に与えなければダメです。

それこそが「気づかいの正体」なのです。

コツは「気づかいのリターンエース」

私も二つ目に昇進した際、師匠から「2、3年で真打ちになれ」とハッパをかけられましたが、そこで「1年で真打ちになるような了見」で取り組みました。

結果、３年半で真打ち昇進の内定をゲットしましたが、額面どおり2、３年でなろうという動きをしていたら、もっと昇進までには時間がかかっていたことでしょう。

これが、私なりの気づかいであり、そんな無骨な気づかいを、師匠が敏感なセンサーで感受してくれたからこそ、私は二つ目昇進の遅れを、回復運転のようにリカバリーできたのです。見習いからトータルで見れば14年という、立川流の中では比較的早い年月で真打ち昇進を決めました。

もちろん、決して自慢しているわけではありません。ただ、師匠の家で冷蔵庫の中身を腐らせた伝説のボーンヘッド「冷蔵庫事件」を引き起こしたばかりではなく、何度も謹慎を食らい、クビまで言い渡された私のような人間でも、現在こうしてプロの落語家として落語だけでご飯が食べていけているのです。その秘訣《ひけつ》が、気づかいでした。

コツは「気づかいのリターンエース」というようなイメージでしょうか。

相手が想定する以上の快適な気づかいを、つねに心がける姿勢を貫いていくと、きっとそれらが積み重なり、必ず状況は好転するはずです。

真打ち昇進を不器用に決めたとき、尊敬する兄弟子の談春兄さんから「お前を見ていると、『百年目』の治兵衛《じべえ》さんを思い浮かべるよ」と言われました。

「百年目」という落語は、「どうにもならない田舎者の小僧だった無骨な治兵衛さんが、やがて番頭になり、後々一軒の店を任せられるような商人になっていく話」がバックボーンとなっている噺です。

ズシンと響きました。**以来、私は「前座を長くやらせてもらってよかったな」と胸を張っています。**いまや財産です。

気づかいに効率性を求めてはいけない

「めちゃくちゃ人に気をつかう人」というのは、気づかいしていない人に恐ろしく敏感で、そんな無神経な人を極度に嫌うものです。

師匠談志は、まさにそんなタイプでした。落語界開闢《かいびゃく》以来の「弟子を先に二つ目に昇進させる」という大ナタは、談志にしてみれば理路整然すぎる家元としての当然の振る舞いでした。

気づかいは、うまく使いこなせば、無限の力を発揮するものです。ただ、肝心なのは

「気づかいされる側」ありきという点。一方的な気づかいは、かえって気づかいされる側を不愉快にさせてしまうものです。「ほどよいさじ加減」が求められます。前座のときにはそれがわからず、徹底的に師匠を不快にさせてしまいました。

入門してすぐのころ、師匠と船旅に出たことがありました。師匠が懇意《こんい》にしていた出版社の社長が客船を持っていた関係で、伊豆七島をめぐることになったのです。帯同した私は、夜中「カラオケがやりたい。セットしてくれ」と頼まれました。

ですが、それを「私より手慣れた人のほうが手際いいし、効率的だろう」という浅はかな判断から、私は休憩中の船員さんを呼んできてしまいました。

そのときなどは、「お前がやるんだ！」と烈火のごとく叱《しか》られました。「俺を快適にしろ」とは、「自力でなんとかしろ」という意味なのです。そうしないと問題解決能力は上昇しません。考えてみれば当たり前ですが、当時はそれがわかっていませんでした。

効率性を追求しすぎると、こんな当たり前のことすら見えなくなってしまいます。

前座は「上手な身のこなし」を、しくじりを通じて会得していくものですが、それは一般の職場でも同じではないでしょうか。効率性を追求していくと、その気はなくても

「自分は動かず、他人を動かして楽をする」という方向になりがちで、かつての私と同じ失敗をしてしまいます。こうなると、気づかいどころの話ではありません。

アンチですらファンになる談志のメタ認知

効率性を考えるのも結構ですが、それより「自分がこういう言動を取れば、相手はこういう印象を持つだろう」という、いわゆる「メタ認知」を考えてみてください。

師匠は、この「メタ認知」が万全でした。地方での落語会の打ち上げなどでは、それがいかんなく発揮されたものです。

大体が生粋《きっすい》の談志ファンというと、かつての私自身がそうでしたが、信者のような感じです。そんな談志熱にうなされた人たちが、周囲の人たちからそそのかされて「談志さんを呼ぼう」ということで、独演会を開催するに至ります。

いざ、師匠のスケジュールが決まってからが大変です。会場をおさえ、ポスターやチラシも印刷しますが、最も面倒なのがチケット売りです。私も地方出身者ですから、その苦悩は充分に知っているつもりですが、これがことのほか負担になります。

なんとか一枚一枚、売り歩くような格好で、ようやく損益分岐点をクリアするだけの枚数がハケて、いざ独演会当日を迎えるのです。

しかも、その独演会当日、苦労して師匠を呼んだ当人は、自分が大好きな談志の落語にはほとんど接することはできません。主催者として、チケットもぎりやら、駐車場の管理などの人員配置やらで、お客様を招くホスト的立場に忙殺《ぼうさつ》されてしまうからです。

では、最前列で談志の落語を聞きたかったはずのその人の葛藤は、どうしたらいいのでしょうか？

その答えは「打ち上げ」にあります。打ち上げの席で師匠の隣に座らせてもらい、「ご苦労様。どうもありがとう」と、その労を直に師匠からねぎらってもらうことで、やっとモヤモヤが解消されます。ゆえに落語家は基本、打ち上げまでが仕事なのです。

打ち上げでも、師匠はメタ認知を限りなく発揮していました。打ち上げ参加者は、いわば主催者の応援団です。その輪の中で、たとえば師匠に気を使いすぎて、緊張していたりする人に対して、「あんた、○○さんに似ているね」「あれ、言葉の様子から青森の人？」などと、即座に「共通言語」を見つけて、やさしく仲間入りさせてしまう気づかいを、惜しみなく、さりげなくする人でした。

実際「俺、じつは談志さんは嫌いなんだけど……」と言う人もいましたが、打ち上げで師匠と同席したあとなどは、「めちゃくちゃいい人じゃねえかよ！」と、宗旨替えさせてしまうほどでした。


この本の編集担当である丑久保和哉さんから聞いた話ですが、以前、師匠の本を出版することになったとき、何度か打ち合わせで編集部に招いたそうです。

当時、丑久保さんは駆け出しの時期で、師匠のお世話担当を言いつけられたとのこと。落語家に限らず、面倒くさいことは新人（前座）に回されるものです。

その際、師匠が大好きだった「氷を浮かべたビール」をいち早く手配した彼に、師匠はにっこり微笑み、ウィンクしながら「ありがとな」と言ったとのことでした。

彼からすれば、落語の「ら」も知らないけれど、さすがに立川談志は知っている。**それほどの有名人が、打ち合わせ中にわざわざ話を止めて新人にお礼を言ったという、その事実に感動したと言います。**

これぞ「談志の人たらし術」なんだと、改めて実感しました。ファンのみならず、取り巻く人すべてに、談志らしさという刻印を刻みつける人だったのです。

相手を「好きになる」では足りない、「信じる」

本を出すたび、仕事、とくに講演会関係が増えます。そこで落語の面白さも訴《うった》えていますので、「では、今度は落語会にお邪魔します」などと、お客様と仲よくなり、都内での独演会にお越しいただいたりしています。落語との接点が「本→講演会→落語会」と、最後に来るのも私らしい特徴なのかもしれません。

そんな読者でもあり、講演の主催者でもあり聴衆者でもあり、はたまた落語会のお客様でもある方からよく聞かれる質問があります。

「師匠からパワハラとしか思えないような無茶ぶりをされ続けて、なぜやめようとは思わなかったのですか？」というものですが、これは答えに窮《きゅう》します。

というより、「師匠が好きだったから」という単純明快すぎる答えしか浮かばないので、あまりにあっさりしていて、質問された方をがっかりさせてしまう申し訳なさが先走ってしまうのです。

もっとも、師匠が好きだったというよりも、師匠を信じていたと言ったほうが正しいかもしれません。

「好き」というのは、短期的な感情です。一目ぼれし、互いに好きになり、つき合って、何の問題もなく結婚したカップルが、なぜか別れてしまうケースが多い理由が、じつはそこかもしれません。

以前、ある結婚アドバイザーの方に聞いたことがあるのですが、「お互い好きという状態から、お互い尊敬し合う間柄になれば、夫婦は長続きする」そうです。

これは、師弟関係にも当てはまるのかもしれません。入門してすぐにやめてしまった元弟子たちは、尊敬の前提となる「信頼関係」が構築できなかったのでしょう。

さらに「信じる」から「信じ抜く」へ

弟子が師匠を信じるのは当然ですが、師匠も弟子を信じてくれているという相互の補完関係が師弟関係ではないかと、いま改めてしみじみ感じています。

強烈にそれを意識せざるを得ない師匠からの言葉が、「俺はお前の人格を否定して怒りを覚えているわけではない。お前の言動からだ」というものでした。

人格否定からの怒りならば、それは即パワハラであり、いじめでもあります。談志の言葉がその類ではなかったという証明が、この言葉に集約されています。

師匠からの叱責《しっせき》は厳しいものでしたが、どこか救いがあると感じたのは、思えば師匠の弟子に対するこんな姿勢からでした。

その言葉で怒られるたび、「俺の行為や言葉づかいが間違っていたんだ。師匠は俺の存在は決して否定していないんだ」という最低限の安心感は確保されたものでした。

前座修業をクリアするのに、９年半もの長い期間を要した私でしたが、逆に言えば、そんな長いあいだ耐えることができたのは、師匠への信頼でした。

それともう一つ、弟子を取る立場になったいまになって新たにわかったのは、師匠からの信頼です。師弟関係について、一方的に弟子から師匠に対して気づかいをするだけの間柄だ、と言い切ってしまうのでは不充分です。弟子は気づかないものですが、そこには師匠からの厚い信頼（師匠からの気づかい）が、たしかにあったのです。

何も持たず、丸腰で入門してくる新弟子たちを受け入れ続けてきた徒弟制度というシステムは、連綿と続く中で、どんどん洗練されていきました。

無垢《むく》な受信者たる新弟子は、そのような環境で、自らの師匠を通じて「人を信じること」を覚えていきます。そこでつちかった人間関係を敷衍《ふえん》させて、やがて大衆を信じること＝世に出ることへとつなげていくのです。

「好き」という短期的な感情が、日々の言動の積み重ねを通じて、「信じる」という行為へと昇華していくということです。

売れるということは、徹底的に大衆を「信じ抜くこと」でもあります。「信じる」のでは、まだまだ短期的な行為です。「信じ続ける」でようやく中期的、「信じ抜く」ことこそ長期的行為なのです。

言葉は「発した側」ではなく「受けた側」のもの

大衆を信じ抜くことが大切なのは、結局「言葉というものはもともと発した側のものではなく、受けた側のもの」だからです。

現代みたいにＳＮＳが発達すると、ついつい発した側が攻めている印象を受け、主導権を握っているようなイメージがありますが、じつは受けた側＝守備側がイニシアチブを持っているところに、人間関係の妙味《みょうみ》があるのではないでしょうか。

たとえば、罵詈雑言《ばりぞうごん》や悪口を考えてみましょう。吐いた人間は一時的には清々した気分になり、スッキリしますよね。

ある意味、これが麻薬なのですが、発した側はそれでおしまいです。しかし、言われたほうの側からすれば、一生残るような心の傷になるケースすらあります。発した側としての言葉は即座に揮発《きはつ》しますが、受けた側としての言葉は沈殿《ちんでん》するとも言えます。

相手を悪く言ったつもりではなかったにしても、受け止めた側がマイナスに解釈してしまえば、もうそれでおしまいです。

「そんなつもりで言ったのではありません」は通じません。

言葉は、外に出すまでの脳内にあるあいだは発する側のものですが、いざそれが外へと出た瞬間に、受けた側のものへと変質していくのです。

受け止める側が、よほどの悪意を持って聞き入れた場合は別ですが、そう考えたほうが発信者側のセンス、スキル、そして「気づかい力」も上がります。

そう考えてみると、落語は完全に聞き手が主体になったものという気がします。しゃべり手である演者の巧拙《こうせつ》やテクニック、面白さを評価するのは、完全に聞いているお客様です（お金を払う立場はお客様なのですから、それは当たり前かもですが）。

しゃべる側と聞く側との「結界」が、そのあいだに置かれる高座の座布団の前の扇子とされています。そんなしゃべる側と聞く側との相互の信頼関係を通じて、長年にわたって熟成されてきたのが落語なのです。

談志は**「評価は他人が決めるものだ」**と、つねづね言っていましたが、まさにこの部分に通底します。このセリフは「きちんとしたコンテンツを提供し続けていけば、必ず第三者から評価される」という意味でもあります。

もっとわかりやすく言うならば、「目の前のお客様を信じろ、信じ続けろ、信じ抜け」ということを訴えたかったのではないかと、いまさらながらに思っています。

たった一言で「負けた」小池都知事

気づかいという観点から見ても、「言葉は話す側のものではなく聞く側のものだ」と考えることは、とても大切です。

「これから自分がしゃべることは、聞く人にどんな影響を与えるだろうか」
「いましゃべっていることも、相手はどのような解釈で受け止めているだろうか」
「こんな言葉を用いたら、あちら様は気を悪くするのではないか」
「こんなことを言われたら、向こう側はさぞ嬉しいだろうな」

このように、他者の目線に寄り添ってみる神経こそ、気づかいの最たるものです。

そういう意味でいうと、言葉は話し手から聞き手に贈られたプレゼントとも言えます。日ごろ人間は、こんな無料のプレゼントをやり取りする中で、「あの人はいい人」「この人はいい人」などと決めているのです。

あまり厳密に考えると、迂闊《うかつ》に変な言葉はつぶやけなくなりますが、それこそが他人《ひと》様への「気配り」につながるのです。

一例をあげてみましょう。東京都知事の小池百合子さんです。彼女が希望の党（当時）の代表を兼ねていたとき、民進党（当時）と合流する方向で話が進んでいました。ですが、その際、安全保障、憲法観といった主要政策と一致しない民進党の立候補予定者について、「排除します」と言い切ったことを覚えている方も多いでしょう。

記者からのやや悪意ある質問だったということを差っ引いても、この「排除します」という一言で、一気に大衆が冷めてしまい、結果、直後の選挙で惨敗しました。一言の持つ重みを、小池さんはそこで嫌というほど悟ったはずでしょう。

聞く側に曲解されることを極度に恐れるあまり、何も言えなくなるというのは、もちろん本末転倒です。**ですが、「言葉はプレゼント」と一瞬冷静に思ってみるだけでも、人にやさしくなれるような気がします。**

一つの焼き芋を二人で公平に分けるには？

「言葉は発信者のものではなく受信者のもの」と言うと「向こう側がすべてを握っているのか。だったら、しゃべり手は聞き手のご機嫌取りしかできないのか」などと短絡的に考える人もいますが、そこまで卑屈になれという意味ではありません。

こう考えてみたらどうでしょうか。

「決定権は、たしかに聞き手にある。けれども、どうすれば話し手の思うように聞き手を差配できるのかを考えれば、話し手と聞き手の立場は対等である」

これは、なんとなく「一つの焼き芋を二人で分けるときの論理」にも似ている気がします。以前「一つの焼き芋を二人で分ける際、秤や物差しがないときにどうやって分けるのが公平か」というのを、何かの本で読みました。

正解は「一人の人間には先に分ける権利を与え、もう一人の人間には分けた二つのうちどちらを選ぶかの権利を与えると、結果、公平になる」というものです。

この話、聞いたのは高校のときでしょうか。当時は、公平や平等の厳密な概念はわかりませんでしたが、ものすごく納得したものです。

分ける人、選ぶ人双方に気づかいを感じる微妙な裁定という点は、まるで落語の「大岡裁き」のような爽快感すら伴いますよね。

さて、この関係を「金銭を払う」という行為は別にして、たとえば落語などの「表現活動」に置き換えてみましょう。

この場合、自由闊達《かったつ》かつ存分に思いの丈を発信するのは演者ですが、それをきちんと評価する権利を有するのは、お客様だということにもなります。

つまり、**厳密な意味で言うと、発信者も受信者も対等なのではと言える**のではないでしょうか。そう考えるように務めると、決して卑屈にはならないはずです。

受け手側との共通点が「武器」になる

言葉を発する側が、受けて側の決定を差配するためには、距離感が大事になってきます。この「距離の詰め方」は、非常にセンシティブな案件です。

談志は、お客様との距離の取り方が絶妙でした。瞬時に他者とのあいだに存在する「共通点」を発掘できるのです。

落語家の場合、本題に入る前の導入部（マクラ）で、真っ先に降る話題がそれに相当します。落語家とお客様とのあいだに横たわっている見えない共通点を、マクラでくすぐることで、両者の距離は格段に縮まるのです。

笑福亭鶴瓶《しょうふくていつるべ》師匠も、地方で落語会がある場合は早めに現地入りし、会場周辺のいろいろな場所を訪れ、それを話題にしていち早くお客様との信頼関係を築くそうです。

たとえば「おばあちゃんが一人でやっている駅前の喫茶店にいた犬の話」などに触れると、その喫茶店に行ったことのない人ですら、鶴瓶師匠の人柄あふれる口調もあって親近感がわき、地元の観客は瞬時にして全幅の信頼を寄せるのです。

談志も、私の故郷・長野に来たとき、会場までのタクシーの中で聞いたラジオのコマーシャルをマクラでやり玉にあげました。

「すげーところだな。共産党がコマーシャルやってるとこなんだな」と言い切り、ふだん観客が思っていることを指摘する展開で、どっと笑いへと持っていきました。

「いきなりマクラでドカン」というのは、落語家の誰もが目指すところです。そういう距離感にすぐに持っていけたら、あとの落語は確実にやりやすくなります。

ここで知っていただきたいのは、双方の根本にあるのは、お客様＝他者へのリスペクト、つまり気づかいがあるということです。

発信者側の気づかいを言葉にすれば、やがて立ち居振る舞いにも表れ、結果として、受信者側へと伝わります。発信者と受信者、その距離を詰めてくれるのは、やはり気づかいなのです。

「要領」より「容量」の時代へ

談志は「俺のこと、落語のことが好きなら、その証拠を見せろ」と、よく弟子に発破をかけたものでした。あくまでも具体的な事例を、芸に反映させて見せてみろと訴え続けていたのです。

逆に、獲得したコンテンツたる踊りやら唄やらを、談志の好みに沿う形で一瞬でも見せると、キャリアなどを考慮せず昇進させたものでした。談笑がその一例です。**気づかいは、目に見える形にしないと、気づかいとは言えません。**

談笑は、遅くに入門し、なおかつ所帯を持っていたという明らかなハンディがありました。そのハンディを前向きに捉えていたからこそ、1日も早く前座修業をクリアしようという覚悟があり、それは当時の私より明らかに上でした。

予備校の講師上がりだった彼は、対師匠の歌舞音曲突破についても、きちんと「傾向と対策」を練り、効率よく身につけようとしていた点で、明らかに革新的でした。そこに目をつけたのかという意味では、彼も天才的でもありました。生まれついての要領がいいタイプであったとも言えます。片や同い年の私は、その真逆のタイプです。

向こうが天才的な才覚を必要とする「要領型」なら、私は失敗も貴重なデータとして積み上げて空間を埋めていく「容量型」だと定義できます。ほぼ同時期に真打ちに昇進した私たちを評して、師匠は「器用と不器用の双璧だ」とも言いました。

「要領」と「容量」とは、まさにシャレのようですが、**「要領」が先天的なセンスを必要とする一方、「容量」は後天的な忍耐さえあれば、身につけられる形質**なのではと思います。まさに前座９年半を辛抱した私がその証明です。その「容量」があればこそ、いまこの本を含めて９冊にもなる本を出すことができるのです。

開き直るわけでは決してありませんが、これからは「要領より容量の時代なのでは」と強く信じています。

「産めよ増やせよ」の昭和期からバブルのころまでは、まさに効率重視、成長前提。何より求められたのは「要領」でした。短期間で利潤を発生させるには、それが最適な行動様式だったのです。

ところが、バブル終焉《しゅうえん》から21世紀になると、成長社会から成熟社会へと移行していくようになります。これは必然、外的に利益を発生させることより、内面の充実を追求する社会への変換を意味することになりました。

一言で言うなら、いわゆる「モノより思い出」ということでしょうか。

そんな時代ともなると、失敗すら経験値とさせ、さらには財産へとステップアップしてゆく「したたかさ」が求められます。過去の唾棄《だき》すべき恥ずかしい記憶でも貯めておくだけの「容量」が、とりあえず必要となってくるのです。

「人と違ったことはすべて財産」です。

つまり見方を変えれば、すべて味方になるのです。

そのためにも、まずはキャパ（容量）を増やしてみてはいかがでしょうか。

第2章

究極の気づかいは「目」から始まる

「気」は見えないが「気づかい」は見える

第1章で「気はすべてのものを動かす力」というような内容を申し上げました。

「気」は、見えないパワーです。その「気」を他人に可視化させたものこそが「気づかい」なのです。自在に操れるようになれば、人の心身を動かせます。

なぜ、人は「気」で動くのでしょうか？

それは**「人間の身体は基本、受信機能でできているから」**です。

人間の五感である「視覚・聴覚・触覚・嗅覚・味覚」を考えてみましょう。これはアリストテレスによる分類とのことですが、「見る・聞く・触る・嗅《か》ぐ・味わう」というこの語感は、すべて「受信機能」です。

逆に、発信機能について考えてみましょう。口から「話し言葉」を発したり、身振り手振りや顔などの「表情」で訴えたり、あるいは「書き言葉」である文字を使って書いたりするという、この三つしかありません。

前章でご紹介しましたが、前座の仕事は、落語会でプログラムの「開口一番」というトップバッターを務めるのが、主な仕事ではありません。

会場の雰囲気をあたためて、あとから出る二つ目や真打ちが落語をやりやすくするというのも仕事の一つではありますが、あくまでそれは二の次。もっと大切なのは、ほかの演者の着物を畳んだり、タバコを買いに行ったり、楽屋でお茶を出したりするなど、雑用的な「楽屋の労働力」としての動きこそ最大の仕事になります。

談志が「俺を快適にしろ」と、まず新弟子に言ったのも、そこにつながります。楽屋で「あいつはかなり目端《めはし》を利かす」などと評判がいいと、やがて師匠の耳にも入ることになりますよね。そのうち「師匠のしつけがいいからだ」と師匠の評判を上げることにもなり、結果、師匠を快適にすることにもなります。

要は、つねに「その先にも目が配れるか」を問われているのです。つまり、前座は、発信者としての機能は基本的に求められていないということです。磨くのは、ひたすら受信機能なのです。師匠の前や楽屋では、絶えず五感を働かせ続けます。

あのころから20数年経ったいままでこそ、こうして気づかいの本を書けるような立場になりましたが、当時は「気が利かない」「気づかいできない」「気配りできない」と言われ続けていました。要するに「気を可視化」することができなかったのです。

そのためには、「気」を形としてお見せするのが一番でしょう。たとえば「お礼状」「お中元」「お歳暮」など、「残るもの＝見えるもの」を送るということです。

とはいえ、身近な職場の上司や先輩にごちそうしてもらったときに、いちいちお礼状を送っていたら、かえってよそよそしくなりそうです。そういう場合は「必ずそのお礼を真っ先に言う」というエチケットを、地道に積み重ねていくしかありません。

いずれにしろ、気づかいという「気の見える化」のために、そのような地道な行為をルーティンにする「クセ」をつけることが大切です。

落語家になる前、私はワコールでセールスマンとして福岡県の小さいお店を担当していました。その中に、小規模ながら、信じられないほどの売り上げをはじき出しているお店がありました。

不思議に思って調べてみたところ、このお店は、お礼状はもちろん、それにプラスして「手描きのバースデーカード」をお客様に送っていたのです。

ワコールは、女性相手の商売です。「誕生日を覚えていてくれた」という喜びは、女性のお客様に「あなたを特別扱いしていますよ」というアピールにつながります。「そんなに私のことを大切にしてくれるのなら、またあのお店に行ってみようかな」という気分になるのは、当然の流れでもありました。

ちなみに、私も「お中元」と「お歳暮」に気をつかっています。受け取る人の好みや家族関係などを考慮しながら、限られた予算の中でやりくりするのを楽しんでいます。その楽しさは、必ず先方にも伝わるものと信じてもいます。

大切なのは「気は目に見えないものだが、気づかいなら必ず見てくれる人はいる」と信じること。自らが信じて取り組めば、それは「クセ」となり、やがて「自信」へとつながっていくはずです。

相手の視線の先には何があるのか？

目と言えば「霊長類の中で白目があるのは人間だけ」とのことです。

白目は、いわば「スキ」です。白目というスキがあるせいで、視線の先を他者に読まれてしまうことになります。

そのせいで「自分が何を見ているか」が露見するわけですから、「弱点の掲示」にほかなりません。動物界における弱肉強食ではハンディキャップになります。実際、突然変異で発生する「白目のあるチンパンジー」は淘汰《とうた》されてしまうとも聞きました。

なのになぜ、人間は白目のある道へと進化していったのでしょうか？

その答えは、「目は口ほどに物を言う」ということわざの中にヒントがあります。たしかに白目は、自然界においては圧倒的な弱点です。しかし、人間はそれよりもコミュニケーションを優先してきたのではないか、という仮説がここで成り立ちます。

我々の先祖は、視線の先がはっきりしているほうが、他者との意思疎通がはかりやすいと判断し、かつ尊重してきたのでしょう。実際、視線がどこにあるかわからない人には不安を覚えます。動物界においては弱みにしかならない部分を、人間は知性を働かせて逆に強みにしてきたとも言えます。

目と目の語らいは、洋の東西を問いません。「目配せ」は「アイコンタクト」とも訳されます。人間は目を通じて、相手の表情はもとより、その本心などの細部までもわかろうとしてコミュニケーション能力を発揮させ、この社会をつくり上げてきたのです。

人が「目から発する情報」を読み取ろう

落語は、座ってしゃべることを選択し、発展してきました。使えるのは言葉と手振り、それと顔の表情のみです。この顔の表情とは、つまり「目」のこと。落語家の目の動きから、観客は刀の長さをイメージしたり、雨の具合を想像したり、信じられないほどの大金を思い描いたりします。「そこに何もないのに」です。

話芸とは不可分な領域ですが、名人クラスの落語になると、目の動きだけで笑いが漏れたりします。下半身の動きを制御することによって、聞き手のお客様には無限の想像が広がるのです。

このため、両者のあいだには絶妙な「間《ま》」があり、これこそ落語の「妙」です。お客様に想像していただく落語家と、落語家を面白いと感じて笑うお客様、両者の気づかいの応酬によって成り立つ芸能なのです。

そう考えてみると、異様なまでに細かい気づかいを落語界の練習生たる前座に問うのは、非合理なように見えてじつは合理的です。

師匠の言うことは変幻自在、悪く言えば朝令暮改です。ひとたび楽屋に入れば、ぬるいお茶が好きな師匠もいれば、熱いお茶が好きな師匠もいます。要するに、いろいろなバリエーションを経験することによって、経験値の幅がこしらえられます。

相手は人間です。杓子定規《しゃくしじょうぎ》な処理は嫌悪されます。**その大元は、すべて相手の「目」から発せられる情報なのです。**まず師匠や先輩方の目から「快か不快か」を判断し、臨機応変に対応する。それこそが、落語という芸への訓練につながります。

「気づかいの目」を養うコツは「メッシ」

そんな「気づかいの目」を養うために重要な要素が、観察力、読解力、そして批判精神です。

この三つを伸ばすためには何が必要かというと、「自分を殺すこと」なのです。「いつの時代の話だよ」と誤解されかねない表現を使いましたが、まずはお聞きください。

落語家が前座時代に徹底・強制されることは、簡単に言うと「下から目線」です。自分より師匠や兄弟子を気づかい、つねに気配りを要求されるのが前座です。最も身分の低い位置からすべてを見つめること、つまり「上から目線」の真逆となります。

「上から目線」とは「偉そうに振る舞う」「知識をひけらかす」「特別な経歴や経験を訴える」「自慢する」など「自身を特別扱いしてもらいたがっている症候群」の典型的な言動です。この初期症状がいわゆる「中二病」というヤツでしょうか？

しかし、考えてみれば、落語家なんてみんな誰もが中二病患者です。何の根拠もなく「落語には自信がある」などと一方的に考えて入門するのですから、自己主張の塊《かたまり》こそ芸人と言っても差し支えないでしょう。

言ってしまえば、表現活動とは「自己主張を面白くさせたもの」です。ただの自己主張なら迷惑でしかありませんが、それが「面白い」と第三者から評価されると、がらりと値打ちのあるものへと大変身します。それが芸術です。

芸術家とは「自分を訴える人」そのものです。ただ、その「訴え」や「訴えている人」に価値があるかどうかを決めるのは第三者なのです。**いくら「自信がある」と思って入門してきても、周囲が「つまらない」と判断すれば1円も入りません。**

それらを考え合わせると、いつの時代からか「こいつら（入門希望者）は上から目線の可能性が高いから、入門して数年は下働きさせよう」という深い配慮が働き、次第に前座修業なるシステムができ上がっていったのかもしれません。

「下から目線」を働かせるべき前座は、自分より他者に目配りすることを強制される立場です。滅私奉公の「滅私」とはよく言ったもので、このことを指すのでしょう。

いや、落語の世界のみではありません。野球の「送りバント」は滅私です。

サッカーでも時折「相手チームのディフェンス陣を自分に引きつけておいて、味方チームのストライカーに、絶妙なパスを送る差配をするような選手」を見ると、まさに滅私だなあと思います。あ、よく見たらそれ、本物の「メッシ」でした。

嫌いな人では笑えないし、そもそも見たくない

滅私という「自分の主張を殺す訓練」を過酷に要求されるものこそ前座修業なので、逆に前座が自己主張するのは徹底的に唾棄されます。**いくら丁寧に「お言葉を返すようですが」と言っても、その言葉自体が糾弾されるのです。**かつて私も「ハイとだけ言ってりゃいいんだ」と、前座時代に先輩方から小言を食らったものでした。

これは、その経験がない方々からすれば「俺も我慢してきたんだから、お前も同じように耐えろ」的な「軍隊の順送り」みたいなイメージで受け止められがちですが、じつは違います。前座修業とは「嫌われないための修業」でもあるのです。

どんなに丁寧に言葉を返しても、嫌われる可能性がゼロとは言えないでしょう。よほどの天才であれば話は別かもしれませんが、嫌われ者は笑われません。

おそらくあなたも、嫌いな芸能人で笑ったことはないですよね？

むしろテレビに出た瞬間、チャンネルを変えていませんか？

これは、一般のビジネスパーソンでも同じでしょう。「上から目線」は嫌われます。何よりモテません。古典落語の「お見立て」には「俺はカネがあるんだから、特別扱いされてしかるべきだ」という杢兵衛《もくべえ》という田舎者《いなかもの》を登場させ、モテない男を具現化させています。嫌われ者である彼の言動こそ、「上から目線」そのものです。

嫌われたくなかったら、まず「上から目線をなくすこと」と言っても、過言ではありません。自分を殺すことで、簡単に「上から目線」はなくなります。

人間は意外と他人を見ていない

前座期間とは「自己主張をいったん停止させることで、相手をよく見るチャンスを与えられている時期」です。そんな一時期の姿勢は、あとになって、いざ存分に自己主張すべき落語家人生になったとき、大きな栄養補給になり得ます。これこそが、観察力、読解力、批判精神を涵養《かんよう》することにつながるのです。

私はサラリーマンの経験もありますが、これは一般のビジネスパーソンでも同じだと思います。

会社では、誰もが自分の望める仕事ができるとは限りません。そんなとき、雑用した経験がない上司では、不本意な仕事をしている部下の気持ちが実感できないでしょう。こうしてギスギスした職場になってしまうのです。

「自分を殺す」なんて、やや大げさな印象を持たれがちですが、そのあとでもっと大きな自分をつくるために、それまで築いてきた土地を更地《さらち》にするという作業として捉えれば、納得してもらえるかもしれません。

談志は「人間の行動は、すべて不快感の解消から起こる」とし、文明と文化との違いを「その不快感の解消を、でき合いの既存のもので処理するのを文明、自分の力だけでなんとかするのを文化と呼ぶ」と定義しました。

わかりやすく言うと、真夏のうだるような暑さという不快感を、クーラーで解消するのが文明で、落語の「しわい屋」で描かれているように、扇子《せんす》を開いた状態で顔の真ん中に置いて、扇子ではなく顔のほうを左右に振って涼感を得ようとするのが文化です。扇子すら使うのを拒否し（単にケチなだけですが）、自力で解決を試みる姿勢こそ、より文化だという定義につながります。あるいは、ケチこそ文化なのかもしれません。

談志はケチでした。石鹸なんかは、ビジネスホテルに置かれていた小型のものを、行く先々で寄せ集めて大きくし、それをみかんの網に入れてずっと使っていました。当時から「ネット（網）」に依存していた生活を送っていたのです。

弟子の私たちは、それをとことんネタにしましたが、当人は**「ケチではない。不快感の解消を自分の力で処理するという、あくまでも文化的に生きているだけだ」**と言っていたものです。

相手に好かれる前に、自分から好きになる

いまの世の中はそう考えると、すべての不快感の解消を、他者の力、つまり文明にやらせすぎているのかもしれません。

たとえば、ＡＩ（人工知能）がさらに浸透すれば、自動運転は当たり前になるでしょう。運転手は「車を運転する」という不快感から解消され、車の中では快適に過ごせることが当たり前になります。

読書や仕事など好きなことができますし、お酒を飲みながら、あるいは眠りながらの移動も可能になるかもしれません。未来は、かなり安楽な世界になりそうです。

でも、そうなったとしたら「じゃあ、いちいち車になんか乗らなくてもいい」となるかもしれませんよね？

そうなれば、今度はそもそも「車なんかいらない」という時代にすらなり得ます。まさにパラドックスです。極論ですが、文明の進歩は快適さを人質に、そこまで行き着く可能性すら考えられます。

コミュニケーションの基本は、この章でも言った通り「人を見ること」です。

しかし、そういった他人を見る必要性を減少させてしまうのが、文明なのかもしれません。のちほど詳述しますが「人を見ること」とは面倒くさいものですから。

「文明の進歩と反比例するように、人間は他人を見なくなる」

他人を見ることを不快感だけだとすれば、そうなるのも必然かもしれません。

だからこそ、他人を見るセンスというか、気づかいを自力で養ってゆけば、それだけで主導権を握れます。

社会の変革や、世間の風潮がそのようになっていくのだとしたら、それこそ「他人を見る」だけで、他者と差をつけられるようになるはずです。

もっとも、ただ「見る」だけでは、もちろん足りません。「見る」から「観る」に発展させるためには、どうしたらいいでしょうか？

それには、その対象となる人を愛することが一番です。好きになれば、観るのなんて苦にはなりません。その好意も、必ず相手には伝わります。そうなれば相乗効果で、向こうもきっと好きになってくれます。そんな人と人との好意が、ますます大きくなっていけば、きっと世の中はますます面白くなっていきます。

これは、私だけの思い込みではありません。**「人づき合いの天才」に見える兄弟子・志の輔師匠をして「地球はこの人を中心に回っているのではないか」との名言を吐かせた笑福亭鶴瓶師匠も、そのようなことを言っていました。**「好かれる人」になるためには、まず自分が人を好きにならなければいけない、という見本みたいなお方ですよね。

いきなりベテラン社員のセンスは学べない

他人を見なくてもいい社会とは、気づかいを拒否する社会です。他人に気をつかう必要もないと、安楽で、ストレスから解放された世の中を思い浮かべがちです。

たしかに「他人を見る」というのは、そこから「学ぶ」という行為にもつながります。そう考えると、かなり「面倒くさいこと」です。「見る」のみならず「学ぶ」という行為へのステップアップには、かなりの手順を要求します。

これは「芸は盗め」という言葉に近い感じがします。芸界では頻繁に言われ続けてきた「芸は盗め」という言葉ですが、じつはこれに談志は異を唱えていました。「受け手の読解力がなければ、芸なんて盗むことはできない」と。つまり「芸には段階がある。いきなり初心者レベルの前座クラスに、『芸は盗め』なんていうのはナンセンスだ」と見切っていたのでしょう。

若手の弟子たちにはとことんロジカルで「お前たちには、テクニックは教えてやれるが、センスは自分で磨け」とも公言していました。

これは、一般のビジネスパーソンでも同じだと思います。新入社員が、いきなりベテラン営業部長のセールス技術を真似するなんて、かなり無理な話です。**テクニックとして、たとえばセールストークの内容くらいなら参考になるかもしれませんが、それを適切な場所・適切なタイミングで使うには、センスが必要ですよね。**そういうことなのです。

あなたの「五感」を奪っているものは何か？

文明が、世の人を快適にすることは間違いありません。すべてコンピュータによってパターン化させてしまえば、処理は楽になりますので、ＡＩが最も得意とするフィールドです。ですが、それは同時に「視覚」機能の減退をも招くことになります。

人の表情や言動の代わりに、スマホを見ているのが現代人です。スマホの画面を見ることで「視覚」を奪われ、タッチパネルですから「触覚」まで奪われています。さらにダウンロードした音楽など聞いていれば「聴覚」も閉ざされた形です。

しかも、これがマクドナルドでビッグマックを食べながらですと、さらに「味覚」も「嗅覚」も奪われていることになります。まさにスマホの奴隷です。完全に主導権を握られてしまい、五感はフル稼働させ<u>ら</u>れ<u>て</u>いない状態です。

ここまで牛耳られている状態では、自身の成長など望めません。

私も前座時代は、完全に主導権を師匠に握られていました。

たとえば「師匠、『かっぽれ』を覚えました」と言えば、談志は「それより『奴《やっこ》さん』を踊ってみろ」と返してきます。

また「『さのさ』を歌います」と言えば、師匠からは「俺は『品川甚句《しながわじんく》』を聞きたい」と返され、当時は完全に弄《もてあそ》ばれているとしか思えませんでした。

「主導権」が握られたままの状態では、芸など身につくはずはありません。身についていないからこそ、ますます昇進が遅れていくのです。

スマホとは距離を取ること

この悪循環を断とうと、私は師匠の無茶ぶりに対して「無茶ぶり返し」を敢行するようにしました。「歌を10曲覚えろ」と言われたら「20曲覚えました！」。「踊りは３曲でいい」と言われたら「５曲踊れます！」といった具合です。

結果として、これが奏功し、ようやく二つ目への昇進を決めたばかりではなく、のちの真打ち昇進まで早くなるという「副作用」をもたらすことになりました。人生、何事も主導権を握った者勝ちなのです。

あなたは、ここまで無茶ぶり返しをする必要はないと思いますが、まずスマホとは距離を取りましょう。

スマホは、たしかに言われた（入力した）ことを忠実に実行しますが、それ以上のことはやってくれない、気のきかない存在なのです。

いきなり距離を置くのは難しくとも、せめて「歩きスマホ」をやめてみてはいかがでしょうか。移りゆく景色、通りすがりの人、街が鳴らす音、風の肌触り、季節の匂いに五感を向けてみてください。

まずは、気づかいができる人になるための体質改善です。主導権を取り戻し、能動的にこちらから五感を存分に働かせてみましょう。

視覚を過信しない

視覚から得られる情報は多岐《たき》に渡ります。ことわざの「百聞《ひゃくぶん》は一見《いっけん》に如《し》かず」という先人からの教えも、さらに補強させてしまいます。

つまり、**目から入るデータは影響力が過多になりがちで、それゆえだまされやすい**のです。上手にだまして快適にしてくれるのが、手品などの芸。その真逆がネットに出回るフェイクニュースや、トリック撮影でありましょう。

視覚の場合、とくに画像や動画などに対しては、人間は脊椎反射的に反応を起こしがちです。SNSをはじめとするネット環境が、さらにそれを促進するので、恣意的に発信者側の感情が利用されやすい一面があります。

素人でも簡単に動画を提供・作成しやすい現代社会においては、それらを「自分の頭を通過させて知性や思考というフィルターを通しなさい」という具合に、一手間を加えることが肝心です。それが、間違った情報から身を守る作法でもあります。

すでに数十年前、談志は「新聞で正しいのは日付だけだ」と定義していましたが、それのさらなるリニューアル、バージョンアップです。

得られた情報を鵜呑みにするのではなく、そこに自分の思考という付加価値を施すことです。

まさに、これこそ芸人のギャグづくり、時事ネタづくりなのですが、これは一般社会でも同じでしょう。

とくに若い人でしたらネットでニュースを読むことも多いでしょうが、ネットニュースはフェイクも少なくありません。鵜呑みにするのは危険です。

新聞やテレビのニュースだって、各社の政治的スタンスなどによる影響はあるでしょう。必ず自分の頭を通過させることが必要なのです。

情報は「受け手のレベル」が問われる

そのためにも大切なのが「受信者側の機能アップ」です。これについては、ラミレス監督率いる横浜DeNAベイスターズを例としてあげてみます。

横浜は2017年のセ・リーグで、ペナントレース3位ながらも、クライマックスシリーズで2位の阪神、さらに優勝した広島を破り、日本シリーズ出場を決めました。日本シリーズでは、パ・リーグ覇者のソフトバンクと熱戦を繰り広げ、破れはしたものの、2勝4敗の戦績は評価に値する結果でした。

一時期、横浜は不遇で、親会社もDeNAに決まる前は二転三転し、家具のニトリが名乗りを上げそうになったときもありました。私は当時「ニトリなら『お荷物』の扱いに慣れているから、打ってつけだなあ」などと、ネタをつくるほどのチームだったのですが、それが、なぜ去年の躍進に至ったのでしょう。

いろいろな理由があるかと思いますが、私は**「選手たちの読解力が飛躍的に上昇したから」**と踏んでいます。ラミレス監督は外国人ですから、日本語での細やかな指示はできません。通訳を介して選手に伝達することになります。このことは、選手たちに「言葉による直接的な意思の疎通はできない」という危機感をもたらします。

「日本語が通じない」という切迫した環境が、必然的に「俺たちが能動的に、監督の表情や声色から真意を探ろう」という意識改革（つまり気づかい）をもたらしたのではないでしょうか。

以前、学校の先生向けに書いた『落語家直伝 うまい！授業のつくりかた』（誠文堂新光社）でも訴えましたが、「先生という発信者側は、さほど情報を発信する必要はないのではないか。むしろ、生徒（受信者側）の感受性を信じることこそが、大きな仕事ではないか」ということを書きました。

徒弟制度は、まさにそうです。談志は新弟子たちに「俺を快適にしろ」としか言いませんでした。ゆえに「では、どうすれば師匠は快適になるだろうか」と、入門したての若者は必死に考えます。そんな教育的システムの中から、志の輔、談春、志らくという逸材が羽ばたいてゆきました。

横浜の選手たちは、ラミレス監督との日本語を媒介しないコミュニケーションの中から、多大に得るものがなったはずだと思います。声のトーンだったり、顔色だったり、雰囲気だったり、言葉以外の部分で監督との距離を縮めようとしたに違いありません。

まして、ラミレス監督の前任者は中畑清《なかはたきよし》さんです。ある意味、この方も日本語が通じないような人でした（笑）。選手たちは2代続けて、「細やかな気づかい」を発揮せざるを得なかったのではないでしょうか。

以上はネタなので、横浜ファンの方、悪気は決してありません。何卒ご理解くださいませ。ですが、読者の方々も「話が通じない人」や「日本が不得手な外国人」が上司やお客様になる可能性はあるでしょう。**そのときはおそらく、横浜の選手たち同様に「細やかな気づかい」が、あなたを助けてくれるはずです。**

気づかいは「足し算」ではなく「掛け算」

気づかいとは、非常に細やかなるものです。見えない「気」を「つかう」のですから、微細な言動が前提となるのも当然のこと。そんなミクロレベルの気づかいが連結していって、やがて大きな結果をもたらすのです。

そのためには、気づかいを足していくのではなく、かけていくことが必要です。**単純に足していくだけでは、大きな結果にはつながらないでしょう。**

つまり「積の法則」を意識してください。

たとえば、私はいま「アカペラ落語」というジャンルに取り組んでいます。これは、アカペラバンドのインスピさんたちと、「一緒に何かやりませんか？」と盛り上がり、何度かライブを開催するうちに自然とでき上がった言葉です。

アカペラと落語とは、性質、雰囲気、つくられた背景、さらには客層さえも完全に異なるジャンルの芸能です。でも、ともに混じりっ気のないもの、つまり「声」だけを駆使して観客の心を揺さぶる芸能という共通点があり、じつは相性抜群なのです。

とはいえ、何回かライブを重ねてゆくうちに、インスピのお客様が私の落語会へ、私のお客様が彼らのコンサートへと、いい意味でファン同士も交流するようになっていったのは、望外の喜びでもありました。

異業種コラボをうまくいかせるには、一見キャラの異なるものが積となって、お互いのいいところを高め合い、ないところをカバーし合うという、相互補完のような間柄が成り立たなければいけません。私たちのケースで言えば、歌に笑いを、落語にリズムをという感じでしょうか。まさに、かけ合わされる感覚です。

ここが「和」ではなく、「積」の面白さです。「和」では、ただのプラスです。たとえば、私の独演会に彼らを招くだけでは、ただの「和」です。それでは単なる芸術の並列に過ぎず、コラボではありません。よくて「調和」でしょう。

ですが、「積」にして歌を落語にしたり、落語を歌にすれば、ハウリングも含めた微妙な「化学変化」が発生します。このズレが、お客様からすれば「見たこともないオリジナルの世界」への誘いになるのです。

そうなるためにも、かけ合わせるジャンルは、なるべく離れているもののほうが「積の法則」は大きく働くでしょう。これが、芝居と歌なら「ミュージカル」というジャンルに収まってしまいます。

私自身、もう何年も筋トレにハマっています。これも「落語家」で「ベンチプレス120キロ」という、まったく違うジャンルのかけ合わせが面白かったのでしょう。CX関係者の目に留まり、「アウト×デラックス」という人気番組に「本業より筋トレを優先する落語家」として出演させていただくことができました。

ジャンルを掛け算していけば、その希少性は確実に高まっていくものです。

「Tポイントカードはお持ちですか？」

前座などの「下積み」にも「積」という言葉が使われています。つまり「積み上げていかなくては卒業できない」とも言えるでしょう。

なかなか結果が出ないのは「積」ではなく、ただの「和」の状態になっているからではないでしょうか。「和」のイメージは「輪」や「和み」にも通じ、横に広まっていく並列の感覚です。上に積まれていく「積」とは違います。

肝心なのは「いま自分がやっていることは、きちんと上に積み上げる掛け算になっているか、単なる横に並べる足し算になっていないか」と、自己チェックすることです。

ただし、コツコツやることを否定してはいけません。やることはコツコツ、しかしその経験を横に並べるのではなく、上に積んでいきましょう。横に並べていては、いつまでも上に行けません。基本は、やはりコツコツなのです。

気づかいも、コツコツとした行為の積み重ねが利いてきます。それが「積」として上へ積み上がっていくイメージを持てれば、継続できるのではないでしょうか。

身近なものでいえば、ポイントカードを考えてみましょう。ポイントカードは、何枚も持つものではありません。各店で違うポイントカードを使っていては、毎回コツコツ利用していても「和」のままで、せいぜい数ポイントしか貯まりません。

「積」の観点から気づかいを考えると、単なるポイントカードではなく、それを「Tポイントカード」に統一する必要があるのです。

最近は、どのお店に入っても「Tポイントカードはお持ちですか?」と聞かれます。もはやTSUTAYAだけではなく、いろいろなお店でTポイントカードを導入しているのです。**同じコツコツ貯めるでも、積み上がり方が違いますよね。**

気づかいに必要なのも、まさにこの「心のTポイントカード」なのです。

1年後に38倍もの差がつく「積の法則」

「積の法則」ではa×b=cで言うと、aやbの数値が肝心です。これらが1ですと、

cの数値（結果）は変化しません。1以下ですと、逆にどんどんcの数値は小さくなっていきます。

「昨日より努力して、なんとかcの数値をアップさせていく日々」を積み重ねてゆけば、時間はかかるかもしれませんが、必ずcの数値は伸びていきます。1・01でも構いません。コツコツは必ず結実します。

シャレみたいですが、1＝人（ヒト）ですから「人並以上」である必要があります。というわけで、aもbも仮に1・01としてみます。

1・01×1・01なので、1・01の二乗です。これを毎日1年間続けてみると、結果は37・7834343と、限りなく38に近い数値になります。少しの努力の積み重ねが、1年間で38倍にもなるのです。**努力をしていない人からすれば恐ろしい展開ですが、日々積み重ねている人にしてみれば、当然の結果でしかありません。**

じわじわと1・01がかけ続けられているときは、表向きはなんの変化ももたらしません。ですが1年後、蓋を開けてみたら38倍の差にもなっていたというのが、芸で言うところの上達、ビジネスパーソンで言うところの評価・実績ということなのです。

気づかいを「楽しめるか」が継続のコツ

気づかいはポイント制です。気まぐれにやっていては逆効果にすらなり得ます。とにかく継続させるしかありません。まさに「継続は力なり」なのです。

では、シャレみたいですが、コツコツをコツコツと続けるコツはなんでしょうか？

私の例で言えば「いや、もっと面白くなるはずだ」と自分を信じることです。**オチを言って大団円を決めて満足するのではなく、オチのさらにオチを言うにはどうしたらいいかと、つねにその先に向かって、考えをさらに張りめぐらすクセをつけています。**

談志は、つねに面白いものを求めていました。いつも「その先」を、弟子のみならず自らへも追求するような芸人人生でした。「現状に満足するな」と、自他共に発破をかけていました。

私も、真打ちに昇進してからもコツコツを継続させるために、いつも「その先は？」と、自らを鼓舞しています。

とはいえ、一般の方々であれば、「鼓舞する」とまで堅苦しく考える必要もないかもしれません。**むしろ「コツコツを継続させるためにワクワクする」と、いっそ楽しく考えてみれば継続できるのではないでしょうか。**

「その先にもっと面白いものがあるかもしれない」と、楽しそうに思い続けた結果として、気がつかないうちに「継続してしまった」という状況になれば、まさに理想です。

ワクワク感は快感そのものです。「子どものころ、蝶々を追いかけているうちに隣町まで行っちゃった」というようなことは、誰でも経験しているはずです。あれを思い出せばいいのです。

たとえば「面白い小説に夢中になって、電車を一駅乗り過ごしてしまった」みたいなことですね。この感覚を、毎日の生活に落とし込むようなイメージで取り組むこと。これは不可能ではないでしょう。

「之《こ》れを知る者は之れを好む者に如かず。之れを好む者は之れを楽しむ者に如かず」

『論語』での孔子の名言ですが、「あることを知っている人は、それが好きな人にはかなわない。あることを好きな人は、それを楽しんでいる人にはかなわない」という意味です。楽しむ人が、続けられるのです。

毒蝮三太夫さんから教わった「最高の気づかい」

継続性については、毒蝮三太夫《どくまむしさんだゆう》さんを思いつきます。

談志は対弟子のみならず、誰に対しても「無茶ぶり」が好きでした。蝮さんは、談志にとって子どものころからの親友であり、生き馬の目を抜く芸能界で、ともにがんばり合う戦友でもありました。談志は蝮さんに対して「俺の言ったことに、すぐ返すセンスは見事だ」といつも評価していました。

まだ談志と蝮さんが若かったころ、女性2人と合わせて4人で食事に行ったときの話です。お勘定の段になって、合計で2万円。すかさず蝮さんは「談志、お前が全額払え」と言い放ちました。

談志が「ふざけんなよ。なんで割り勘にしないんだ!」と怒ると、蝮さんは**「バカ野郎。割り勘にすれば、みんな不愉快になるじゃないか。お前が一人で払えば、お前だけの不愉快で済むんだ」**という歴史的な返しをしました。

もちろん、こんなアドリブ力を発揮するのは素人さんでは無理ですし、だからこそ蝮さんの存在が際立つのですが、そもそも、なぜ蝮さんはこう返せたのでしょうか？

それは、長年の談志とのつき合いという、知らず知らずの「継続の積み重ね」が生んだ名言だからでしょう。アドリブ力がいくら天才的でも、その前提として継続性がなければ不可能な返しだったと言えます。

蝮さんには、私も前座のときからお気づかいをいただきました。

カミさんが一人目の子どもを孕《はら》んでいるときのことです。蝮さんが当時、私たちが住んでいた埼玉の川越まで講演に訪れました。

夫婦で楽屋にご挨拶に行ったのですが、そこでカミさんの大きなお腹を見るや否や、「かわいそうだな、こんな奴の子ども孕んじゃって。これ、気持ちな」と即座にご祝儀をいただきました。

その後も、会うたびに、「おい、あのときのお腹の子、大きくなったか？」「かわいそうにな、お前に似ちゃって」などと、蝮さん独特の言い方でお気づかいを「継続」してくださっています。いや、もしかしたら**「継続することこそ最高の気づかい」**なのかもしれません。

『大事なことはすべて立川談志に教わった』という拙著があるのですが、私は談志だけではなく、毒蝮三太夫さんからも大事なことを教わりました。

自己チェックの基本は自分を責めること

気づかいは「評価の対象になる」どころか、じつは「ものすごく評価される」要素です。日々積み重ねていく努力を怠らなければ、周囲が評価せざるを得なくなります。

「人と自分とを比べるな。昨日の自分と今日の自分とを比べてみよう」などと昔から言い古された格言ですが、これは「気づかいは何より連続性が前提だ」という意味にも捉えられます。

先ほどコツコツの重要性を数式にしましたが、やはり**「結果が出てこそ努力」**なのです。

私も前座の一時期、自分としては談志の設定した基準をクリアしているはずだと思って挑み続けていたのに、まったく認めてもらえない時期がありました。

「師匠は、機嫌がいいときは何をやっても評価してくれる。機嫌が悪いときは何をやっても認めてくれない。談笑が先に評価されたのは、たまたま機嫌のいいときに当たったからだ」と、投げやりになりかけた時期がありました。一般のビジネスパーソンの方にも覚えがありませんか？

「あいつよりがんばっているはずの俺が、なんで評価されないんだ」なんて、会社員でしたら誰もが一度や二度は痛感したことでしょう。

こんなとき、さらに傷口に塩を塗り込む談志の言葉に「評価は他人が決めるものだ」というものがあります。塩というより塩酸のような響きがありますね。

やはり他人から評価されないというのは、何か理由があるはずです。

その不快感を安酒や悪口に求めると、一時的なストレスは緩和されるものの、周囲からの評価はますます下がっていきます。より冷静になって「自分より結果を出している人と自分とは、いったい何が違うのか」を考えるべきなのです。

「積」の「つくり」は「責任」の「責」です。まずは自分を「責」めてみましょう。

自らへの「細やかな気づかい」を持ち、自分に何が足りないかを「責」め抜いて把握できたら、自らの人生に「責任」を持って、コツコツ「積」となるように積み上げていくことです。

「積」の左側の「のぎへん」は「穀物とか農業」を表します。「自らを責める」ことは、自分の可能性という心の畑を耕すことです。自分自身を変えるべく掘り起こすのですから、ひょっとしたら苦痛が伴うことになるかもしれません。

でも、きちんと耕した結果「のぎへん」が加わり、やがて作物がなって、実りの秋を迎えるのだとしたら、夢につながります。**「積の気づかいは、自分を責めているかどうかのチェックから」**ですね。私も継続します。

「感謝」より「恩返し」のほうが強い

気づかいは、連続性の上に成立するものです。これは、コンスタントに積み上げていかなければならないという、気づかいの特性を表しています。つまり、これで完成というのはあり得ないのです。

逆に言えば、心がけ次第で、逆転可能ということを意味します。間違っていない気づかいならば、継続していけば必ず結果をもたらしますし、間違いに気づきさえすれば、その後のリカバリー対応はできるものなのです。

この章の冒頭でも「気づかいとは気の可視化をすること」と申し上げましたが、さらに理想を言えば「相手の心に残ること」です。

両者の分岐点は「感謝」で終わるか「恩返し」までするかという点にあります。

世は「感謝ブーム」にわいていて、どの本にも「感謝が肝心」と書かれています。たしかに「ありがとう」という言葉は大切ですが、なんだか「感謝インフレ」のような昨今の状況には、なんとなく違和感を覚えています。みんなが「ありがとう」を言い合えば、必然その一言の値打ちは相対的に低下するものではないでしょうか？

「感謝」という言葉は濁音《だくおん》がない分、語感からして気化しやすいのかもしれません。それに対して「恩返し」は、濁音も含まれていますし、感謝に比べたら重々しく感じます。まして「恩」を「返す」のですから、その前提として「恩を受けたこと」をしかと認識しなければなりません。

そもそも「返す」というのは重い言葉です。極論すれば受けた恩を借りたお金と同じく、ある種「負債」と考えているような響きすらあります。

「掛けた情けは水に流し、受けた恩は石に刻め」という格言がありますが、いわば「恩(情け)の授受」を具現化した行動体系だとも言えましょう。つまり、気づかいを可視化させるための一番の心がけは「感謝より恩返し」なのです。

切手代だけで「義理」は果たせる

スマホが発達した昨今、電話やメールでのお礼は、その場で気化します。簡単に処理できるものは、やはりたやすく消えてゆくのです。

逆に、お礼状は手間をかけた分、受信者側に残ります。談志がそうでした。旅先から帰宅すると、お世話になった方々にお礼状を書いていたものです。よく「切手代だけで義理が果たせるんだぞ」と言われましたが、とことん筆まめでした。

また、電話魔でもありました。携帯電話のない時代、公衆電話を旅先で素早く見つけるのも前座の役目です。そこから「〇〇さん、談志です。この前はありがとう。いま××に来ています」などと、頻繁に電話をしていました。

沈殿する「お礼状」と気化する「電話」とのサンドイッチで、相手の心をつかんでしまう格好でしょうか。

もちろん、弟子の私も、あとを追う形で見習っています。とはいえ、それほど奇抜なことをしているつもりはありません。

たとえば、お歳暮でラ・フランスを送っていただいた方には、ラ・フランスのイラストと、それにまつわる言葉を添えた絵手紙を送るようにしています。

また、そのセリフも「やはり落語家だな」と思っていただけるものを吟味《ぎんみ》しています。ラ・フランスなら「こんな美味《おい》しい食べ物に対して、『用無し』とは失礼だと叫びたいほどの美味しさでした」などとシャレを込めて書いたりしています。

ほかにも、定期的に落語会を開いてくださる茅ヶ崎《ちがさき》の居酒屋さんには「そちら様で落語会を開いていただいて以来、大難がまさに小難（湘南《しょうなん》）へと変わってきています」などと、笑いを込めてゴマをすります。

このかすかなユーモアが、私らしさとつながって、先方の記憶の中に潜り込んでくれたら……という願いを込めているのです。

後日、そのお店を訪れると、お送りした絵手紙（お礼状）が、店頭に飾られていたりするのを見ます。自分のささやかな気づかいを、形として残してくださっている思いを感じ、私も嬉しくなるのです。

そんな一場面に接すると「人と人がつながった」実感を味わえます。言葉は非常に悪いのですが、ある意味お礼状とは、次に自分をまた呼んでもらうための上品な「脅迫状」なのではとすら思えてきます。

お礼状に限らず、盆暮のお歳暮、お中元にも、私はかなり気をつかっています。いわゆる「虚礼」なのですが、それが毎年同じ時期に仕事で呼んでくださった印として積み重ねていくと、虚礼ではなく「実礼」となる「実例」なのかもしれません。

落語という、生活必需品ではない「あってもなくてもいいもの」を売っている立場としては、そこに活路を見出すしかありません。

もちろん面白い落語をご披露するのが最低条件ですが、そんな落語を際立たせる効果として、お礼状＆お中元＆お歳暮の存在は絶大です。

第3章

まわりから好かれている「気づかい屋」の習慣

なぜ「かなまら祭」はセクハラにならないのか？

最近、海外メディアやネットで話題の「かなまら祭」をご存じでしょうか？

かなまら祭とは、神奈川県川崎市にある金山神社のお祭りのことですが、話題になっている理由はお神輿《みこし》にあります。よくインスタでアップされているのですが、「男性器」をかたどった独特のお神輿なのです。

この祭りは江戸時代、川崎宿の飯盛り女性たちが、性病除けや商売繁盛の願かけをおこなった「地べた祭」に端を発するそうです。

一時期すたれてしまった金山神社でしたが、1970年ぐらいから、性信仰が残る神社として、海外の学者たちが注目するようになります。現在は、商売繁盛、子孫繁栄、安産、縁結び、夫婦和合などの願いを込めておこなわれるにぎやかな祭りになり、2016年には3万人余りが来場する一代イベントにまで成長しました。

これほどの人々が参加するのは、参加者とお祭りとのあいだに「信頼関係」があるからです。歴史的な背景があり、海外の学者すら注目しているということで、信頼関係が成り立ち、だからこそ男性器を模したお神輿でも「猥褻罪《わいせつ》」に該当しません。「卑猥《ひわい》なものではなく、神事の一つとして参加している」という共通認識が積み重なって、周囲に受け入れられているのです。

同様に、秋田のなまはげが「泣く子はいねえが」と言って小さい子を追い回しても、親は喜びますし、ましてや児童虐待《ぎゃくたい》にはなりません。やはり、そこにも信頼関係があって、周囲に受け入れられているからです。

有吉弘行《ありよしひろいき》さんが芸能人にキツいあだ名をつけたとしても、許されるどころか、つけられた方は大喜びしています。これも同じ構図です。

つまり「キャラ」は、周囲に受け入れられてこそ成立するものなのです。自分のキャラや自己イメージは「自称」できるものではありません。

ＳＮＳが浸透し、自己主張が当然となったような感のある現代です。フェイスブックやツイッターなどでは「自称キャラ」が目白押しです。

ですが、信頼関係を築くのは並大抵のことではありません。有吉さんだって、いまのキャラが許されるようになるまでは、地獄のような苦悩があったはずです。

そんな信頼関係形成のルートを経ないで、安直に自らを「俺って毒舌キャラだから」などと称するのは、明らかにルール違反なのです。

浜田さんがOKで、宮迫さんがNGの理由

わかりやすい例をあげましょう。

「ダウンタウン」の浜田雅功《はまだまさとし》さんと「雨上がり決死隊」の宮迫博之《みやさこひろゆき》さん。人気お笑い芸人のお二人ですが、一時期、不倫スキャンダルが発覚したことがあります。

しかし、浜田さんは、なんとなく世間から許されたというか、流されたような格好で認知されたのに対して、宮迫さんのほうは許されず、ネットで炎上してしまいました。

私も「なんで同じ不倫なのに、正反対のような扱いを受けるんだろう。それって不公平じゃないの？」という声を耳にしました。

この不公平感を生み出しているのが「キャラの認知」です。

キャラというものは、認知されたら不公平に映ってしまうものなのです。

同じことをしても、Aさんは許されて、Bさんが許されないというのは、不公平かも

しれませんが、これは「キャラ認知の差」です。

浜田さんは、不倫みたいなスキャンダルが出ても、それで徹底的に叩かれることのないキャラです。世間的には「浜田さん→ヤンチャ→不倫くらいしているかも」というイメージでしょう。

一方、宮迫さんは違います。むしろ、不倫のイメージとはそぐわないキャラでした。「宮迫さん→恐妻家《きょうさいか》→マイホームパパ」というキャラになっていた宮迫さんは、世間に認知不協和を起こし、炎上にまで至ってしまったのです。

「牛乳アレルギーのある子どもには、拒否反応が起きない程度の『微量な牛乳』を体内に取り込ませ、最終的に緩和させる」という治療法がありますが、わかりやすくいえばそんなたとえでしょうか。浜田さんは知らず知らずのうちに、そんな対応策をやってのけていたのです。

もちろん不倫は悪いことですが、一般視聴者に「ま、浜ちゃんなら仕方ないか」と認識形成させていたのです。これぞ、一流芸能人なればこその対応力と言えましょう。

とはいえ、浜田さんですら、いきなりいまのキャラが受け入れられたわけではないはず。「千里の道も一歩から」です。誰にも、どこにも、近道はありません。

キャラとまではいかずとも、自分のことをよく思われたいという願望は、誰もがお持ちでしょう。でも、よく思われるためには、地道な信頼関係を積み重ねていくしかないのです。

「小さな気づかい」を習慣化させてNo.1に

地道な信頼関係の積み重ねとは、つまり何もしていない人には、何もしていないだけの未来しかないということです。一方、積み重ねる努力を怠らない人には、ご褒美のような結果をもたらします。前者から後者を見れば不公平としか言いようのない現象ですが、じつはまったくもって公平なのです。

この公平と不公平の差は、「習慣」によって生じます。才能ではなく習慣なのです。知らず知らずのうちの「小さな気づかい」が積み重なり、それが習慣化されていくと、天地ほどの差を発生させます。

落語家で言えば、兄弟子より先に二つ目に昇進しますし、それは一般社会でも同じでしょう。年功序列が崩れた昨今、後輩のほうが先に昇進したなどという話はいくらでもあります。

この「真理」が怖いと思う人は、努力が足りていない人でもあり、逆にワクワクしている人は、積み重ねを実感している人でしょう。単純な線引きができないことは否めませんが、自己チェック機能にはなります。

では、積み重ねを実感できる側になるためには、どうすればいいのでしょうか？

先の章で「気づかいとは気の可視化」と述べましたが、この章ではそこからさらに一歩飛躍させます。さらなるステージとして、「可視化」で留まらず「言語化」するのです。見えるようになった気づかいを、ロジックで分析させます。

成功を積み重ねている人たちとは、間違いなく気を可視化させた人たち＝気づかいに長《た》けた人たちです。以前、新幹線でナンバー1の売上げを誇る売り子さんの記事を読んだことがあります。

その人は、指定席に座る団体さんの客層を前もって調べ、「その人たちが欲しがるはずの品物」を予想し、あらかじめ品揃えするそうです。たとえば、年配の客層が多いなら、ポケットマネーで買えるお孫さんへのお土産などを取り揃えておくのです。

また、昼食後の時間帯であれば、お茶やコーヒーが欲しくなるはずだからと、あらかじめたくさん台車に詰めておき、頃合いを見計らって押していくなどの工夫も怠っていないそうです。

こうした「小さな気づかい」の累積が、販売実績1位という結果に結びついているのです。

習慣は「悪い方向」にも転がってしまう

この本における「気づかいの言語化」とは、その成功事例がどんな職種の人にも幅広く応用ができるように説明すること。**つまり、うまくいった人たちの業績の中から、自分の仕事などの領域にも当てはまるような「共通項」を抽出するロジカルな対応です。**

先のナンバー1の売り子さんから取り出せる事象は「事前準備の大切さ」です。この事前準備をして現場に挑んだ結果、うまくいった場合は、それを継続させ、うまくいかなかった場合は、さらなる検証を施し、ブラッシュアップさせていきます。

こうした循環の中で浮かび上がってくる「読み」こそが肝心で、人はそれを「勘」と呼ぶのでしょう。その売り子さんも、最終的には勘だとも言っていました。

勘というものに対して、当てずっぽうみたいなイメージを持っている人もいるでしょうが、じつはロジカルな行為だったのです。この勘を瞬時に悟れる人たちのことを、古来「天才」と称していたのでしょう。

なので、凡才や鈍才でも、同様のロジカルをたどれば、天才と遜色のない振る舞いができるのではないでしょうか。

天才が演繹的《えんえきてき》にズバリと本質を突いて勘を知るタイプならば、凡才や鈍才は、帰納的《きのうてき》に膨大なデータを一つ一つ積み上げ、言語化した果てに勘を感じるタイプと言えるのかもしれません。

前者は能動的に勘をゲットする狩猟民族のような存在で、後者は耕した土地に種を蒔いて刈り入れるように勘を手に入れる農耕民族のような存在でしょうか。

いずれにしろ、大事なのは習慣です。多くの場合、天才も習慣でつくられます。まずは「いい習慣」を身につけていきましょう。

意識していないと、逆に「悪い習慣」にハマってしまう危険性もあります。その例が前座時代の私です。

当時の私は、ドジそのものでした。何をやらせてもしくじりばかりです。ついには師匠から「使えない」というレッテルを貼られていました。

師匠は、機嫌のいいとき、弟子たちにカレーを振る舞ってくれることがありました。読んだ方ならご存じでしょうが、談春兄さんの『赤めだか』(講談社)にも出てくる「談志カレー」です。私は、それを「全部食べなきゃしくじる！」と思い、師匠の分まですっかり平らげてしまったことがあります。

ほかにも、行った先で師匠を見失ったりするなど、前座時代の「しくじり」の類《たぐい》は枚《まい》挙《きょ》に暇《いとま》がありません。これらは、いわば「ドジの連続という習慣づけ」を、日々おこなっていたようなものです。絶対に避けねばなりませんよね。

習慣化のコツは「不快感」と「見える化」

誰でも始めるのは簡単ですが、続けるのは難しいものです。逆に言うと、なんでも習慣づけてしまえば勝ちです。いま、私が自身に課している習慣としては「ウェイトトレーニング」と「朝のトイレ&玄関掃除」があります。

ウェイトトレーニングは、始めて10年以上にもなりますが、一向に飽きません。「50歳を超えてもベンチプレスを１２０キロ上げられる」という自負が、続けるためのモチベーションを支えています。

一説によると、どんなにハードなトレーニングをやったにしても、１回のトレーニングにつき、筋肉はたった7グラムしか増えないそうです。

ゆえに、継続しなければ意味がありません。

習慣化させないと肉体改造できないという意味では、ウェイトトレーニングこそが習慣を具現化したようなスポーツです。

この点、うまいコーチの指導でがらりとスコアがアップするゴルフなどとは、明らかに一線を画します。「7グラムの積み重ね」の果てに筋肥大があるのです。

朝のトイレ&玄関掃除は、習慣化させて1年以上になります。これは、ふと「朝って、案外ぼーっと過ごしていることが多い」と気づいたときに、「だったら、この時間を家族みんなが快適に過ごせるために使おう」と思い立ったのがきっかけでした。

家族みんなが使う場所を綺麗に磨けば、みんなが幸せになるはずですし、さらに風水上「金運と健康が約束される」とのことでしたので、これも習慣化させました。実際、仕事が増えきたことも添えておきます。

いまやこの二つは、たとえ飲み会が長引いて帰宅が「午前様」になったときでも、きちんとこなし続けています。

習慣化させたコツは「それらをしないと不快になる」と自らを思わせることでした。「筋トレや掃除をしないで寝るほうが不快だ」と思うように仕向けたのです。

筋トレは、「筋肉痛はラブレターの返事だ」と判断するようにしました。これは、対象となる筋肉に正しいフォームでのトレーニングを課したからこそ、「利いたよ」という返信が筋肉痛となって届くので、間違いありません。

掃除については、玄関の三和土《たたき》のところを毎日、水拭きしていると、実際ピカピカし始めてきて、これもモチベーションにつながります。**気づかいと同様に、習慣も「見える化」したほうが続けやすいでしょう。**

「快と不快」という二つのアメとムチを自らに上手に課しながら、習慣化させる。まさに、これはゲーム感覚そのものです。

気づかいを「マニュアル化した」談之助師匠

私の兄弟子・談幸《だんこう》師匠のエピソードについて触れます。

気難しかった談志ですが、つねづね「俺を怒らせないで真打ちになったのは、談幸と志の輔だけだ」と言っていました。談幸師匠は気づかいの達人なのです。実際、神経が細やかで、鋭敏《えいびん》で、異様に記憶力のいい人です。

談幸師匠は、立川流一門で唯一の内弟子でした。修業時代は談吉《だんきち》という前座名でしたが、談志宅の玄関を入ってすぐ左側の部屋に住み込んでいたのです。

当時、談志は40過ぎの血気盛んなころでしたが、打ち上げや会食があっても「談吉が待っているから帰る」と帰宅したことが何度もあるとのこと。あまりの寵愛《ちょうあい》ぶりに「あの二人はデキてるのでは？」という噂すらあったそうです。

師匠は「あいつは俺を絶対不愉快にさせなかった」と頻繁に述懐していました。

たとえば、朝、2階の寝室で師匠が寝ていて、そろそろ仕事先に出発しなければいけないときなどは、寝室をノックして無理やり起こしたりしません。**掃除機の音で、自然に師匠を目覚めさせたそうです。**

私と比べれば、もはや神レベルの気づかいです。なんせ私は「絶対に遅刻させられない」と、無理に師匠を早く起こして「早すぎだ！」と怒られ、その反動で次はギリギリに起こすと、今度は「もっと早く起こせ！」と、また怒られる始末でしたから。

談幸師匠は掃除の手際も完璧で、埃一つも落ちていなかったと聞きます。味噌汁をつくっても、師匠に「うちのカミさんよりうまい」と言わしめたほどでした。

私も以前、ご本人に直接「どうして、そんなに完璧な気づかいができたのですか？」と聞いてみたことがあります。すると素っ気なく「いや、談之助《だんのすけ》兄さんがマニュアルをつくってくれていたから」と言ってのけました。

それではと、今度は談之助師匠に「どうしてマニュアルをつくったのですか？」と質問してみました。すると、こちらの兄弟子からも、素っ気なく「いや、自分が楽をしたかったから」と返されてしまいました。

もっとも、そのあとに「だって、下の子が師匠にハマってくれたほうが楽でしょ。自分の時間ができるんだから」と続き、ようやく腑《ふ》に落ちましたが（「ハマる」というのは、落語家を始め芸人特有の表現で「ハマる＝気に入ってもらえる」という意味です）。超絶面倒な談志との日々について、マニュアルという「言語化」を施したのですから、談之助師匠はこの分野のパイオニアです。

マニュアルを「アップデートした」談幸師匠

ただし、私が前座時代に、マニュアルのようなものを先輩から受け取っていたら、9年半という長き前座期間も短くなったのかというと、それは「？」です。

なぜなら、万が一マニュアルがあったとしても、当時の私では逆にそれに縛られてしまい、かえって「融通の利かない奴だ」と余計に怒られていたはずですから。

談幸師匠のすごいところは、そのような先輩からのマニュアルを、つねにアップデートしていたところです。天才の常で、言ったことが二転三転するのが談志でした。先ほども言いましたが、マニュアルがあることで、かえって煩わしく思われるでしょう。

この談之助師匠と談幸師匠とは、明治大学落語研究会の先輩後輩に当たります。学年では二つ違いの間柄ですが、昭和時代における大学の落研は、我が慶應義塾大学の落研もそうでしたが、猛烈なる上下関係が存在します。

談之助師匠曰く**「落研の上下関係のほうが、プロの落語家のそれよりずっと厳しかった。なまじプロの世界に憧憬《どうけい》を抱いてしまうから、その純度はよりプロより高くなる」**とのこと。やはりマニュアルをつくろうとするぐらいの兄弟子です。どこまでもロジカルなのは談志ゆずりであります。

さて、談之助師匠は1974年の入門で、じつは落研では志の輔師匠と同期です。談幸師匠は1978年の入門で、志の輔師匠が1983年の入門になります。

大学時代は談幸師匠の大先輩だった志の輔師匠でしたが、立川流入門後は「談幸兄さん」と敬語で呼び、談幸師匠は当然「志の輔」と呼び捨てです。

ところが、落研OB会になると、今度は談幸師匠が、志の輔師匠を本名で「竹内さん」と敬称をつけて呼んでいました。

この「気づかい屋同士の気づかい合戦」が、前座のころハタで見ていて「いいなあ」

と思っていました。気づかいは、お互いを尊重し合うものなのです。

プロの気づかい屋は、当然ながら気づかい慣れしているのですが、逆に気づかい慣れしたからこそ、プロの気づかい屋になれたという見方もできます。気づかいを拒否するのではなく、気づかいに慣れてしまう——。先輩方を見てふと思いました。

オリジナルの「気づかいマニュアル」を作成する

談之助師匠と談幸師匠らが前座だった時代は、談志が落語協会に所属していた時分の話です。二つ目への昇進は、落語協会の設定した基準によるものでした。ほぼ年功序列で、入った順に二つ目への昇進が設定されていました。

落語協会のすごいところは「普通の落語好きの若者」を、いっぱしの落語家にしてしまう機能にあります。

「門前《もんぜん》の小僧習《こぞうなら》わぬ経《きょう》を読《よ》む」よろしく、寄席という環境に入れば、自然と歌舞音曲に触れられます。音曲の師匠が奏でる三味線のリズムから、自ずと都々逸《どどいつ》なども身体に入ります。毎日叩かなければならない太鼓は、強制的にルーティン化させられます。

こんな日々の自動的な「積み重ね」から、誰もが落語家らしい佇まいをゲットするようになるのが、落語協会などの寄席システムのよさです。

一方、寄席を出た立川流では、そうはいきません。**自ら能動的にそのような「積み重ね」をしなければならないのです。**師匠の前座に対する向き合い方も、ここで変容していったのではと推察します。

「俺を快適にしろ」という第一声の下、前座修業はスタートします。入門したばかりの弟子に談志が求めたのは、あくまでも「談志のプライベート空間を快適にするための作法」でした。そうした行動の最高傑作として、「掃除機の音を上手に使って師匠を目覚めさせた」などの談幸師匠に代表される伝説の行動がありました。

それが、あとになって、二つ目の昇進基準に「歌舞音曲のレベルの高さ」が付加されたあたりから、「歌舞音曲に必死に取り組む姿勢」こそが、師匠が一番「快適さ」を感じるようになっていきます。

対師匠のプライベート面では、箸にも棒にもかからなかった私が、二つ目から真打ちへの昇進が比較的早くクリアできた理由もそこにあります。私に対する見方が、当初の

「鈍くさい」というものから「虚仮《こけ》の一念だな」と変わったのが、その証拠です。

可視化→言語化→習慣化の3ステップで完成する

気づかいは、見るところから始まります。対象となる存在が「何を求めているか」で、具体的な気づかいも変わってきます。この変化に気づくことが一歩です。

対象となる存在は、私の場合は談志でしたし、あなたの場合は上司や先輩、お客様ということになるでしょう。そこから「可視化」は始まります。**大抵、対象は目に見えるところにいるはずですから、この「見える化」は絶対にしてください。**

これはマニュアルがある職場でも同じです。マニュアルを全否定はしませんが、あくまで、それは対象となる人が存在してのもの。人は時代や環境に合わせて変わります。談幸師匠の時代には有効だったマニュアルを、私がそのまんま使っていたとしても、前座突破は決して早くはならなかったはずです。

ただし、このことは決して「昔は昇進が楽で、いまは大変だ」と言っているわけではありません。師匠が協会にいたころは、まさに若く血気盛んな時期で、それはそれで大変だったはずです。大変さの質が違うということです。**つまり「見える化」させたら、そこで自分オリジナルのマニュアルをつくるべきです。マニュアル作成こそ、まさに「言語化」なのです。**

さらに「数値化」でゴールが見えてくる

私の場合は超絶・面倒くさい談志という人が相手でしたから、そのマニュアルも日々更新させ続けなければなりませんでした。

談志は朝令暮改が当たり前なので、極論すれば今日正しいマニュアル案件でも、明日には微調整が必要なものばかりでした。

たとえば、談志が「柳《やなぎ》家《や》三《み》亀《き》松《まつ》師匠の都々逸はいい」と言ったとき、即完全コピーで覚えて師匠に評価してもらおうとしたのですが、「その三亀松師匠の歌い方は、三亀松師匠だからこそのトーンだ」などと言われたりしたものでした。

そこで私は当時、弟弟子の談笑がこしらえた「二つ目突破対策音曲テープ」をもとに、さらに師匠の好みの浪曲を加味した「さらなる音源」をつくりました。

いま考えると、これこそオリジナルのマニュアルです。おかげで「これを徹底することによって二つ目が見えてきた。よし、じゃあこれを毎日5回は聞こう」と、具体的な稽古の回数を想定し始め、習慣化していきました。

これは「数値化」と言えます。この「可視化→言語化→数値化」を順序立てていけば、気づかいは次第に身についていくと思いますが、もちろん必ずこうしなければならないわけではありません。順序は頻繁に変わるものですし、これはあくまで、自分が試行錯誤の果てにたどり着いた仮説でしかありません。

ただ、以下の視点から考えてみれば、気づかいという漠然としたものが、手に取るようにわかるかと思います。

一、気づかいは、人の目に見えなければ意味がない。
二、気づかいは、言語にしなければ習慣にならない。
三、気づかいは、回数をこなすことで習慣化する。

ぜひ、気づかいを習慣化させましょう。

「ひと時」の成功が出世を阻む理由とは？

気づかいだけで、誰もがその世界で食べていけます。うまくいけば、違う世界にまで進出し、新しいお客様に恵まれることもあるでしょう。僭越ながら、私もそのうちの一人と言えるかもしれません。

9年半も前座修業をした私です。とても天才とは言えませんが、カミさんと子ども2人、それに住宅ローンを抱えて首都圏に住み、落語家として普通に食べていけています。また、ビジネス書を何冊か書かせていただき、多くの読者にも支えられています。

これは実感なのですが、出版部数の多い人ほど、ベストセラーのたくさんある人ほど謙虚です。逆に、出版部数の少ない人は、もちろん全員が全員とは限りませんが、自我を絶対化させてしまう傾向にあるようです。

出版不況の昨今、売れっ子には執筆依頼が集まりますが、そこで自分を絶対視してしまった人は、なかなか謙虚になれません。ビジネス書は、連載漫画の人気コミックなどと違って、出せば必ず売れるジャンルではないですし、ヒットが続くわけもなく、次第にまわりから人がいなくなってしまった……。こういう話はいくらでもあります。

落語家で言っても、アマチュアの落語家さんのように高座の数が少ない人ほど、やはり自我を絶対化させてしまいがちです。これはビジネスパーソンでも同じことで、場数の少ない新人さんや若手さんほど、ひと時の成功に気を許してしまう傾向があります。

やり手のベテランは、ひと時の成功に自分を絶対化させません。落語家の世界でも、売れている人たちは、自らを相対化させています。彼らには、かつて「お前のことなんか世間はなんとも思ってないよ」という認識を徹底される前座期間がありました。談志も謙虚でした。自らに足りないところは、弟子にその分野でのフォローを求めていました。前座にすら「俺の落語論は、あくまでもその時点での仮説に過ぎない。俺を凌駕《りょうが》するものがあれば、いつでも持ってこい」と言い放っていました。

「俺が、俺が」の肥大化した絶対的な自己が「自分よりまわりに気をつかえ」と精神的にシェイプアップされることで、相対的になっていくのが落語家です。

会社員の方にも同じことが言えます。いくら仕事ができる頭のいい人でも、だからといってまわりに人が集まってくるかどうかは話が別です。私もサラリーマンだったことがあるのでわかりますが、会社員は一人ではほとんど何もできません。自分を相対的に見て、まわりのことを考えなくてはならないのです。

そういう意味でいうと、気づかいはまさに「精神的ダイエット」であり、人間を相対化させるものです。自分を相対化させるためには、ベストセラー作家の方と同じように「発表の場」を増やすことが一番です。自ずと謙虚になれます。

まず、場数を増やしてください。ビジネスパーソンの方であれば、どんなに断られても「提案」すること、どんなに通らなくても「企画」することです。

仮にダメだったとしても、その理由を検証して改善し、発表を繰り返すことで、場数が増え、いい具合に角が取れて謙虚になっていくはずです。

「そんなことで評価しないでよ」という謎の人事

第1章の冒頭で「落語家は日本一気づかいを要求される職業」と言いましたが、その理由はダイレクトでお客様と接するからです。

しかし、古典落語に日々精進し続けていると、人からは「少しはテレビに出てよ」と言われます。で、テレビに出る仕事が増えてくると、今度は「落語も一生懸命やってよ」などと言われたりします。私自身、何度もそう言われてきましたが、両方を満足させるのは意外と大変です。あなたにも、そういうご経験はありませんか？

たとえば営業の方で、お得意様を大事にルートセールスしていたら、上司からは「新規開拓もやれ」と言われた。で、新規開拓をやり始めたら、今度は「お得意様をなんだと思っているのか」と、まるで無茶ぶりですな。

要はバランスが大事なのですが、これがなかなか難しいのです。

そもそも、落語は大衆芸能です。ゆえに落語家も大衆と近いところで活動します。打ち上げでは、お客様と気軽に同じテーブルで歓談しますし、談志のような大物でも、地方の落語会などの打ち上げで、気さくに一般のお客様と飲んで語り合っていました。

冒頭のように、お客様からいろんな言われ方をされてしまうのは、そんな落語家の「親しみやすさ」ゆえなのかもしれません。たしかに、歌舞伎役者が公演のあと、一般のお客様と一緒に飲んでいる姿は想像できません。

演者とお客様とのあいだの壁を取っ払って、大衆に寄り添う形で芸を育んできた落語と、両者のあいだに結界のような線を引き、観客とは隔絶された空間で高みを目指す歌舞伎との違いでしょうか。もちろん、これは優劣の差ではなく、文化の違いです。

いずれにしろ、歌舞伎役者の方も基本的には舞台が本業で、テレビはサブ的な位置づけだと思います。いくらマスコミに売れっ子の役者さんでも、舞台をないがしろにしてテレビ出演ばかりしていたら、お叱りを被《こうむ》るでしょう。

それなのに、彼らも落語家も、売れているか売れていないかの基準が「全国区のテレビ番組への露出」に限定されている気がします。実際の評価の基準とは違うのです。

あなたも、お仕事で「そんなことで評価しないでよ」というものはありませんか？

たとえば、いまは副業を許可している会社も多いですが、もし「副業で儲かっているから、彼を先に出世させる」と言われたらどうでしょう。謎の人事ですよね。

ビジネスでは「二つ以上のキャラ」を持つこと

実際、テレビに出ていなくても、同業者からリスペクトされる落語を続けている人も大勢います。しかし逆に、落語家ではなくテレビタレントとして、その名を知らしめて稼《かせ》いでいる人もいるのです。本人の価値観の違いによる生き方の違いですから、もちろんこちらも才能の差ではありません。

それなのに、なぜテレビが評価基準として、当然のようにあるのでしょうか？

夜、ニュースを見ていて、その答えがわかりました。

たとえば「天皇陛下の退位」と「大量殺人事件の凶悪犯」についてが、同じ番組で取り上げられたりします。

当たり前のように「次のニュースです」と、瞬時に切り替えられて報道されています が、天皇陛下が映られるからといって、画面が高貴なカラーに変わるわけではありません。逆に、凶悪犯を出すからといって、薄暗くなるわけでもありません。善悪の対極でさえ、一緒くたに扱うテレビとは、恐ろしいまでに公平で平等な装置なのです。

「極度に公平で平等」ということは、それは絶対的とは真逆な存在、つまり相対化を目指すことになります。先ほど「場数を踏むことで自己の相対化が図られる」と述べましたが、**相対化を進行させるには、自分の絶対値を小さくさせることが必要**です。

テレビを主戦場にしているタレントや芸能人が、なんとなく軽く見えてしまうのはそのためです。たとえば、最近は大学教授の方が報道番組に出ることも珍しくありませんが、普段の彼らに接している編集者が言うには「いつもはもっと怖くて重々しい」「もっと早口で口調も強い」そうです。これなど、上手にテレビに映るために、プロのスキルであえて自らを軽薄化させ続けている証言になります。

相対化からの軽薄化は、同時に記号化を意味します。たとえば、落語の世界では天才・名人だった談志ですが、テレビと向き合う際には「毒舌タレント」という記号化を自らに施すことによって、電波の世界でも成功しました。

こういったバランス感覚は、一般の方々にも必要です。

先の営業マンの例で言えば、**すでに営業先が確立されているルートセールスは、ミスが許されないので慎重に仕事するキャラで行き、行動力が求められる新規開拓は元気いっぱいの溌剌《はつらつ》キャラで行くようなもの**でしょう。

リアクション芸人はお客様のニーズに応えるプロ

芸の世界で地位を築くと、重鎮《じゅうちん》などと呼ばれるようになり、扱いも重々しくなります。結果、それが絶対化をもたらすようになると、テレビの世界では生きにくくなります。上手にテレビに映るためには、自らの存在を記号化させなければなりません。談志のような例外はありますが、落語家がテレビに出続ける難しさがここにあるのです。

落語家になるための、もしくは落語がうまくなるための気づかいと、テレビに出るため（あるいは出続けるため）の気づかいは、まったく異なります。それぞれの土俵に応じた身のこなし方があり、優劣や巧拙ではなく、それぞれの生き方なのです。

会社員の世界でも、プレイヤーとして優秀だった社員だからといって、マネージャーになっても優秀だとは限らないでしょう。求められているものが違うからです。

テレビというのは、出る立場からすると発信装置ですが、もともとは受信装置です。受信者である視聴者のための端末であり、元来は視聴者＝お客様のためのものです。

最近、市民権を得たような感のあるテレビ用語に「リアクション芸人」というのがあります。リアクション芸人とは、あくまでもリアクション芸をする人です。「アクション芸人」と言わないところに、テレビが持つ本来的な部分があるような気がします。リアクション芸人は「受け手」なのです。

お客様である発信者側から繰り出された「熱湯風呂」「ザリガニ」「激辛食品」「0円生活」などの「各種無茶ぶり＝アクション」に対して、「視聴者から賛同されやすいリアクション」を、的確にかつ瞬時にして取れるかが彼らの存在の肝です。

彼らは、視聴者という受信者に共感されやすい言動を求められています。そういう意味では、リアクション芸人は「受信者側の代表」であるとも言えます。オピニオンリーダー的に発信者側に立って、受信者たる視聴者を先導・誘導する地位ではありません。

テレビの放送は1953年から開始されましたが、それから半世紀以上経って、テレビの特性を鑑みつつ、その進化に対応するように芸能界側が編み出してきた役割こそが、リアクション芸人ではないでしょうか？

テレビは「習慣化の集大成」

テレビに、視聴者に近い存在であることを要求される傾向は、今後ますます強くなっていくでしょう。

この背景には、ネット環境の充実があげられます。最近では、小学生のなりたい職業にランクインした「ユーチューバー」なる新たな生き物も発生させました。これは受信者が発信者に変化したことを意味します。明らかに時代は変わりつつあるのです。

ただ、そうは言っても、一時期までかなりの影響力を有していただけあって、テレビ局、大手広告代理店、大手芸能事務所には、いまでもかなりな優秀な人材が豊富です。逓減《ていげん》しつつあるとはいえ、まだまだポテンシャルなパワーはあります。

一介のユーチューバーがテレビに出てさらに有名になり、大手事務所に所属して、大手代理店がサポートするという図式を見ると、まだまだテレビの存在感は健在です。

テレビが廃れない理由は、それが「習慣化」の延長に存在しているところにあります。たとえば我が家の場合、私もカミさんも田舎育ちだからか、朝は起きると、まずテレビのスイッチを入れるというのが習慣化されています。歯を磨いたり顔を洗ったりする日常のルーティンの行為と、ほぼ同じです。

ひと昔前までの日本は、大半の家庭がそんなリズムで動いていました。だからこそテレビ番組も、そんな受信者たる視聴者の生活に合わせて編成しているようです。

朝の早い時間はサラリーマンの出勤に合わせて情報番組を組み、８時の声を聞くと各局一斉にワイドショーとなって、主婦層におもねったテイストの素材を扱います。

この「横並び」は、テレビ局側から言わせると「あなた方受信者サイドの習慣に合わせた結果だから仕方ないのだ」という声が聞こえてきそうです。

しかし、この関係、テレビ局が視聴者の習慣に合わせて番組を放送しているようでいて、じつはテレビ局がそういう番組を放送し続けることによって、視聴者の習慣を造成しているようにも思えませんか？

つまり、視聴者のほうがテレビに合わせ、それに縛られるような習慣づけをおこなっているということです。だからこそテレビは、いまも有力なコンテンツであり続けているのかもしれません。習慣というものは、それほど恐ろしく強固なものなのです。

情報は第三者を通して増幅される

テレビは「習慣化装置」でもありますが、同時に「増幅装置」でもあります。

以前「アウト・デラックス」に出た翌々日、広島のほうに営業で行ったときのことです。仕事を終えて一人、ホテルに向かうまでの道すがら、たまたまラーメン屋に入ったところ、奥のほうのテーブルにいた若い人たちから、いきなり「あ、一昨日、『アウト・デラックス』に出ていましたよね？」と声をかけられたのです。芸人になって20年以上でしたが、初めてのことでした。

それまで、私は長野のローカル局でテレビやラジオのレギュラー番組を担当していたことがあり、長野県内ではそんなケースはけっこうありました。しかし、群馬との県境である碓氷峠《うすいとうげ》を越えると、一気に自分の知名度は低下していきました。

このように、テレビは「増幅装置」の側面もあるのです。いい意味でも増幅されますが、悪い意味でも増幅されてしまいます。記号化された存在となって電波に乗れば、いい評判ならば好感度アップにつながりますが、悪い評判ならば炎上します。

近年の例で言えば「ひふみん」と「豊田真由子《とよたまゆこ》」でしょうか。まさに好対照です。

将棋界の重鎮・加藤一二三《かとうひふみ》さんは、藤井総太《ふじいそうた》七段（現在）の活躍と比例するかのように、世間での知名度も上がりました。超ベテランのキャリアとはかけ離れた親しみやすい風貌《ふうぼう》と言動に注目が集まり、やがて「ひふみん」と記号化され、将棋界のゆるキャラのような扱いを受け、それに怒ることもなく好感度が上がりました。

一方、前国会議員の豊田真由子さんも、キャリア的には申し分なかったはずです。しかし、秘書への暴行と罵倒、その際に発した言葉「このハゲー！」が彼女のキャラへと変換し、記号化された結果、その地位を失う損失となりました。

テレビほどではありませんが、これは会社の人間関係も同じでしょう。心理学に「ウインザー効果」というものがあります。**人は本人から直接言われるより、第三者を介した情報のほうが影響力を受けるものです。**

たとえば、上司から直接「きみなら、今期も目標を達成できるよ。とても期待している」と言われた場合と、同僚から「部長が、きみなら今期も目標を達成できると言っていた。とても期待している様子だったよ」と伝えられた場合、どちらのほうが「上司の期待」を強く実感できるでしょうか？

多くの人が、同僚から伝えられた場合と答えるでしょう。

相手との距離を縮めて察知せよ

ここまでテレビを取り上げたのは、最も身近でわかりやすい習慣化の事例として最適だからです。積み上げていったものが花を開くか、あるいは台無しになるかという点で、テレビは非常にわかりやすい見本なのです。

テレビは家の中心、つまり大半は「お茶の間」に置かれています。誰もがリラックスした雰囲気の中で、受信者に徹する形で伝えられる格好です。そんな気楽さが、より伝達の濃度を高めます。テレビを見習って、気づかいを習慣化させていきましょう。

やがて「朝はテレビで始まり、夜もテレビで終わる」というように、**上司が「朝はあなたに挨拶をすることから始まり、夜もあなたの仕事を見届けたことで終わる」となれば、もう最強**です。そのためには、気づかいのターゲットとなる対象とは、近い距離感を保っていないと成立しません。

また、テレビが持つ「増幅装置」としての機能も参考になります。気づかいすべきあなたは、立場的には「リアクション芸人」と同じです。そして、気づかいをするターゲットを「視聴者」と置き換えてみれば、簡単にシミュレーションできるでしょう。

テレビとは違って、狭いエリアの中だけに収まってしまうかもしれませんが、そこでの評判は必ず誰かに伝わります。自分が直接伝えるよりも強力な影響力を秘めた評判です。**マスコミほど広い範囲には及ばない反面、口コミには地に足の着いた発信力があります。**それは必ず実を結ぶはずです。

リアクション芸人になった心づもりで施した気づかいが習慣化されていけば、視聴者たる目の前のターゲットからの評判を高めていき、それが出世につながることになっていくのです。

「何のために習慣化するのか？」を意識する

この章の最後は、「習慣化のデメリット」について述べましょう。どんなものにもメリットとデメリットがありますが、それは習慣化についても存在します。

いま、私が夢中になっているのが筋トレです。その努力に見合うだけの筋肉をゲットすることができ、その喜びというか「投資に値する報酬」にときめき、気づいたときには見事にハマってしまいました。こうなると完璧に習慣化されてしまい、いまは週3回ジムに通う日々です。おかげ様で年1回の定期検診もほぼパーフェクト。筋トレに行かないことのほうが非日常となっています。

筋肉がついたことでそれが自信へとつながり、また身体は発声する際の反響板として機能しますので、厚みが増したことで前より迫力の増した声にもなってきているらしく（自分ではわからないのですが）、とにかくいいことずくめです。

では、何がデメリットになるのかというと「習慣化はそれ自体が目的化することになりやすい」ということです。

筋トレを例にあげるならば、「筋肉を増やす」という一番の目的から逸脱し、ただ漫然と「続けること」だけが習慣化してしまい、目的化しがちになるのです。

実際、私が通っているジムには、そのような形になっている人を見受けます。なぜそんな人に気づくのかというと、自分がそうならないように、つねに意識しているからかもしれません。

もちろん、本人がそれでいいのなら、こちらがとやかく言う案件ではないでしょう。

ただ「習慣化したはずなのに、目ぼしい結果が伴わないのはなぜか」と嘆いている人は、もしかしたらこういう自己チェックが必要かもしれません。

習慣化しただけの気づかいは形骸化《けいがいか》します。それどころか「習慣化のデメリット」と言える状況を生み出しかねません。

一例をあげましょう。先日、某ファーストフード店に入ったときのこと。私のうしろに並んでいた中学生の男の子たちに、学生アルバイトらしき女の子が「禁煙席でよろしかったですか？」と聞いたので、爆笑しそうになりました。

気づかいを効率よく、当たり前のように行き渡らせるための装置がマニュアルなのでしょうが、それを徹底しすぎて機械的にもなると、このような応対をもたらすものとなります。

第4章

売れっ子の芸人が営業先で心がけていること

営業を制すものは地方を制す

弟子の私が言うのも変な話かもしれませんが、談志のすごさは山ほどあります。**その中で「ビジネスパーソンと気づかい」という関連性から、ぜひ本書に書いておきたいものとして、「地方公演でも決して手を抜かなかった」点をあげます。**ほかの落語家と比べてみると、じつはこれ、何気にすごいことなのです。

一般的にも、普段は都内か東京近郊を営業するくらいで、地方への営業は月に1回くらいという会社は多いでしょう。もちろん、そこで手を抜くことはないでしょうが、普段と同じか、それ以上の業績を出すのは難しいと思います。

某有名劇団の関係者に話を聞いたことがありますが、全国各地を回るその劇団は、「一切アドリブが許されない」とのことでした。なぜでしょうか?

何チームかに分けて全国公演をしていると、たとえば「Aチームのほうがアドリブがたくさんあって面白かった」などと評判が出てきてしまい、ほかのチームとの差が生じることになり、結果として均一の料金体系が崩れてしまう可能性が生じるからだそうです。全国どこでも標準小売価格が決められている商品と同じ感覚でしょうか。

そこまで深い理由があってのことかは存じませんが、落語家も、地方公演ではマクラからネタまでほとんど同じという、ある高名な師匠がいらっしゃることはたしかです。

地方在住の落語ファンからの「〇〇師匠、いつも同じネタなんですよね。こちらが東京に出向けばいいのでしょうか」という悲痛な訴えを聞くたびに、自戒として受け止めている私であります。


談志は、むしろ「売れてない落語家は東京の寄席に出て、売れている落語家は地方を回る」とまで言い切っていました。


「ギャラはプライド料」とまで言い、「本当に俺の落語を愛してくれる主催者のためならば」という思いで、地方の小さなお寺のような場所でも、決して手を抜くことはありませんでした。落語の初心者が多い客層の中でも、東京の定例独演会と同じか、あるいはそれ以上のネタとテンションで挑んでいたものです。

長崎の島原は、雲仙普賢岳《うんぜんふげんだけ》が噴火して以来、師匠が足しげく通っていた地でした。熱烈な談志ファンの招きで企画された市内のホテルでの落語会でのことです。前座の私ですら、通りの悪いマイクに難儀した会場だったので、師匠にその旨を伝えると「ま、いいや。なんとかする」と、そのまま高座に上がりました。調子の悪いマイクを前に「よし、今日は特別にこのスタイルでやってやるからな」と、ハンドマイクを右手に持ったまんま、実況中継のようなスタイルで一席、古典落語を語ったのです。

客席は、師匠のそんなアドリブ力も含めて大爆笑。落語を語り終えたあと、「こんな談志を見られたのは財産だよ」と、最後の一言までもお客様の笑いを誘いました。

それはまるで、舞台袖で師匠を凝視していた私に向かってのメッセージのようでもありました。実際、高座から降りてきた師匠から**「いいか、どんなところでもしゃべろよ。ここではできない、と言った時点でお前の負けだ。俺は若いときキャバレーまわりやってきたから、あんなことは屁でもねえんだ」**と言われました。

ズシンと響く一言でした。以来、私も長野のラジオ番組で、素人さんのカラオケが鳴り響く中での「屋外生落語」など悲惨《ひさん》な現場もありました。ですが、あのときの師匠の言葉を噛みしめて、なんとか向き合うようにしています。

人口1000万人を超える東京の会場で500人満席になるのと、10万人レベルの地方で５００人満席になるのとでは、同じ５００人でもまったく意味合いが違います。密度の問題です。「あの談志が面白い落語をやった」という評判は、駅前の喫茶店でも話題になります。つまり、都心に比べて地方のほうが、影響力が大きいのです。その影響力は、結果として中央へも伝わります。

そのあたりを、談志は参議院選挙に全国区から出馬した際、「地方での１票も東京の１票も同じだ」と、肌で痛感したのではないかと思います。そんな意識があったからこそ、地方でもいい加減な落語をしなかったのでしょう。

談志が生前かわいがった「テツ&トモ」さんは、一時期に比べ、テレビでの露出は減りましたが、年間２００か所以上も地方公演で全国をまわっているそうです。大相撲も地方巡業《じゅんぎょう》で稼いでいると聞きます。**売れっ子は、地道に地方で稼いでいるのです。**

「売れてこい」という無茶ぶりに応えた志の輔師匠

談志の落語家人生は、当人の生き様と同じく、ロジカルな軌跡を描きました。１９５２（昭和27）年に落語界に入った師匠は、惜しまれて亡くなる２０１１（平成23）年まで、トータルで約60年の落語家人生です。そのほぼ真ん中の1983（昭和58）年に落語協会から「独立」し（協会側からすれば「追い出した」）、立川流を設立したことを踏まえてみると、まるで計算でもしたかのようです。

その黎明期に入門したのが、志の輔師匠でした。この兄弟子も、師匠に勝るとも劣らぬ理詰めの人です。明治大学の同期である談之助師匠から、落語界の情報を詳細に入手し、綿密に計画を練った上で、立川流への入門を決めたとのことです。

いまでこそ40過ぎの入門希望者は珍しくありませんが、まだ昭和の当時は、29歳になろうという高齢での入門はハンディキャップでしかあり得ませんでした。また妻帯者でもありましたから、「このまま他団体に入門し、前座修業で4～5年を要するリスク」も大いに考慮したことでしょう。

談志からしても、なんとしても「立川流第一号の落語家」の成功事例をつくりたいという願望があったはずです。実際、師匠は、志の輔師匠には「売れてこい」の一言しか言わなかったそうです。その無茶ぶりに応えた志の輔師匠も、やはり天才でした。

あなたも、上司から「この商品を売ってこい」とだけ言われたら戸惑いますよね。どんなに宣伝しようが安かろうが、売れないものは売れません。**とはいえ、実際に売れる人はいるわけで、その人から教わることがあるのは、落語もビジネスも同じです。**

ハンディキャップは武器になる

志の輔師匠の場合、ハンディは年齢や家庭環境だけではありませんでした。それまでの談志一門は、談四楼《だんしろう》師匠と談之助師匠が群馬出身でしたが、弟子は基本みんな首都圏(東京、埼玉、神奈川、千葉)の出身者で構成されていました。

いつぞや、談四楼師匠に言われたことがあります。

「入門したいと師匠のもとを訪れたら、出身地を聞かれ、『群馬です』と言うと、『京浜《けいひん》東北線《とうほくせん》の区間が限度かもなあ』と言われたものだ」

つまり北は大宮、南は横浜あたりが、江戸落語を語る上で暗黙《あんもく》の境界ラインだったとのこと。当時は、それほどまでに、言葉の参入障壁があったそうです。

その意味で言うと、我が一門への首都圏以外からの入門希望者の門戸を先駆けとなって開いたのは、富山出身の志の輔師匠でした。訛りやイントネーションなど、育った地域からの呪縛を解かないと、落語は語れません。これは、かなりのマイナス要因です。ですが志の輔師匠は、それをクリアし、さらに「地方出身はむしろメリット」になるという可能性を見出しました。その具体例が、都内と地方の「二元中継化」です。東京だけではなく、出身地の富山でも、定例独演会を早くから開催したのです。

やる場所が2倍になるのですから、必然的に技芸も磨かれることになり、相互にメリットをもたらします。そんな地道な活動の結果、志の輔師匠は入門7年という異例のスピードで真打ち昇進を果たしました。

また、そのお披露目のパーティは、現役の富山県知事を招き、師匠と知事、双方を喜ばせる形式でした。富山と東京のお客様から、ともに「故郷を大事にする落語家」として、また、ますます応援しやすい存在として認知されるようになります。

つまり、ハンディキャップを逆手に取って、お客様が「応援しやすいような状況」をつくったのです。「ハンディキャップは武器になる」というしたたかさとしなやかさは、志の輔師匠から教わりました。

「裏を返そう」、地方のお客様は義理堅い

私も兄弟子の成功事例を踏まえて、長野出身ということをフルに活かしました。「二元中継方式」で真打ち披露をして以来、東京と同じ形での独演会も地元の上田市で定期的に開催するようにしています。

都会で活躍するという果たせなかった夢を、私に託すかのように応援してくださる方もいて、故郷の皆様は義理堅いものです。必ずと言っていいほど「またお願いします」と裏が返ります。

「裏が返る」というのは吉原の世界の言葉で、２度目に呼ばれるということです。ちなみに３度目からは「馴染みになる」と言います。**あなたも地方の方と馴染みになれば、義理堅い彼らは必ずや太いお客様になってくださることでしょう。**

定期的にお会いすることが難しいようでしたら、贈り物でもお手紙でも構いません。電話やメールではなく、ぜひ形に残る気づかいを実践してみてください。相手の反応が

変わってくるはずですよ。

長期戦こそ「ワンチャンス」を生かす

志の輔師匠の振る舞いは、後発部隊である私から見て非常に示唆的でした。とくに、真打ち昇進披露パーティに現職の富山県知事を招くという差配は、やはり見事だったと感じ入ります。

「講釈師、見て来たような嘘を言い」と申しますが、白状しますと落語家である私は、志の輔師匠の真打ちパーティはお手伝いしておりません。私の入門前の出来事でしたが、すでに伝説と化していました。その当時、師匠もよく「志の輔の披露目は、俺が知らない層ばかりだった。一切、俺の人脈を頼らなかった」と述懐していたものです。

何年経っても言い続けていたのは、その気づかいが「長期戦仕様」だった証左と言えます。一流の気づかいは短期で終わらず、その効果は長期にわたって及ぶのです。

第1章で触れた「メタ認知」を働かせ、「ここで自分がこういう行動を取ると、それ以降、他者はどういう印象で自分を見るか」を考えることが重要です。

あなたも、地方の営業などはとくにそうだと思いますが、普段は会えないお客様であれば尚更です。**いったん悪い印象を与えてしまったら、それを回復させる「次の機会」は、なかなか来ないでしょう。**

とにかくパーティを派手にやることを好んでいた師匠でしたから、現職の県知事がはるばる来たことは手放しで喜んだはずです。いまでこそ芸人のパーティはどんどん派手になっていますが、当時としては画期的でした。

一方、呼ばれた当の県知事にしても、談志を始めとする各界の著名人が、こぞって着飾って訪れる東京の一等地のホテルに招かれたということは誉れです。これは側近を始め、近くにいる有力者には発信される情報となります。

メタ認知の視点から考えて、双方にメリットのある話なのです。俗にいう「故郷に錦を飾る」以上の効果をもたらしたはずです。

「県知事までお呼びするような気づかいが、結果として一石二鳥以上となっている」

これこそ、ビジネスの真髄《しんずい》ではないでしょうか。

「虎の威を借る狐」でいい

私も、真打ち昇進が決まったとき「志の輔師匠には、芸では負けているけれども、せめてパーティではなんとか」と決意し、当時の身分としては精一杯の派手なパーティを企画しました。

場所は談春兄さんと同じ赤坂プリンスホテルを選び、人集めにも腐心しました。師匠つながりの方々を招きつつも、それまで師匠と会うご縁のなかったはずのＶＩＰも招きました。

現役の国会議員、プロ棋士、元大関・霧島《きりしま》の陸奥《みちのく》親方、陸奥部屋の関取衆、歌手の沢《さわ》田《だ》知《ち》可《か》子《こ》さんなど、その筋のオーソリティに「真打ち昇進披露パーティ発起人」になっていただき、ご招待した方々に「当日は来ざるを得ない状況」をつくりました。

これはテキメンでした。その前日まで海外にいた志の輔師匠も、多忙を縫《ぬ》って駆けつけてくださり、翌日には「お前、にぎやかだったなあ。近年ないぞ」と、お褒めの言葉までいただきました。談志にも「あれだけの人、よく集めたな」とも言われました。

ただ、じつは私は「虎《とら》の威《い》を借《か》る狐《きつね》」になっただけです。

ご縁のある各界の著名人には「師匠の談志や志の輔師匠をご紹介します」で近づき、「師匠は、○○さんのような有名人が大好きですから、きっと喜びますので、ぜひよろしくお願いします」と、お相手のプライドを上手にくすぐるように取り入るのです。

さらに、そういった世間に顔が売れている方々が足を運ぶパーティだと、その人たちを見たさに一般のお客様もたくさん集まりますので、いわゆる「三方よし」の構図になるのです。


「虎の威を借る狐」作戦は、あなたにも応用できます。たとえば、どうしても契約を結びたい商談がある場合などは、上司の上司に来てもらうというのはいかがでしょうか。

相手の方も、上司が来るくらいは想像するかもしれませんが、さすがに二つ上の人が来るとは想定していないでしょう。

それで商談が確実に成立するとは限りませんが、お客様にも「それほど契約したいのだな」と前向きに考えてもらえるでしょう。

気づかいの集大成は「人集め」にある

人集めに話を戻しますが、これは本当に大変です。真打ち昇進披露パーティは、SNSで簡単に呼びかけてOKというものではありません。

わかりやすく言うなら、結婚式をイメージしていただければいいかと思います。ただ、昨今は結婚式も簡素化しているそうで、いまやホームパーティの延長みたいな宴席が主流になりつつあると聞きました。

そうなるのはやはり、人集めが大変だからでしょう。細かな気づかいを必要としない、気の置けない身近な関係者のみを集めたほうが、たしかに気は楽です。

談志がパーティにこだわった理由も、じつはここにあります。つねに「真打ちたるものパーティは派手にやらないでどうする」と言い続けていた師匠でしたから、そういう面倒くささを乗り越えてこその真打ちなのだと言いたかったのでしょう。

まして、真打ちという世間に認知してもらうにこれほど絶好の機会はないのだから、一生に一度の気づかいを施してみろよということです。

そこで、まず私がこだわったのは案内状です。

一般の方には、立川流で真打ちになることの大変さを訴え、「晴れの日」であることをことさらに強調します。前座のころから私を応援してくださっている皆様からみれば、「俺が育ててやったんだ」みたいな親心をくすぐるような一言を記しました。

たとえば「○○さんに前座のころ、あの公民館に呼んでいただいたことで、ここまで来ました（花が開きました）」などという文言です。一方、著名な方には、「○○さんに来ていただくとハクがつきます」と上手に甘える言葉をさりげなく織《お》り交ぜました。

いずれにしろ極力、一人一人オリジナルな文言を添えるようにしました。いま思えば大変なはずなのですが、自分が大勢のお客様に囲まれている華やかなイメージを浮かべることで、難なく乗り越えられました。

あなたも、今後もし結婚式を挙げられることがございましたら、ぜひ一人一人オリジナルの案内状をお送りください。**大変かもしれませんが、私と同じイメトレで乗り越えられると思います。**

当日の気配りも怠りませんでした。パーティの当日は主役とはいえ、いや主役だからこそ俯瞰《ふかん》で見るようにしました。「皆様、楽しんでいるだろうか」を念頭に、粗相や失礼がないように目を光らせます。

さらに、パーティ後にもやることはあります。翌日には師匠のところまでご挨拶に向かい、兄弟子各位にもお礼のご挨拶をしました。さらに、ゲストとして来ていただいた名の知れ渡った方々にも、きちんとお礼状をしたためます。

それら一連の手間は、面倒くさいものには違いありませんが、いわば「気づかいの具現化」であり、効果はきちんと目に見える形で表出します。来客数という形ではっきりと浮かび上がってくるので、それがモチベーションとなり、大変さへの感度も軽減化されました。人集めこそ、気づかいの集大成なのかもしれません。

儲けもリスクも分散させたほうが長続きする

長いこと落語家をやってきてゲットした真理の一つに、「同僚の落語家と分散しながらやる落語会は長続きする」というのがあります。

落語家は、自分一人で仕事を受けます。落語会の依頼が来ると、自分のスケジュールだけ調整すればいいのです。ただ、定期的に呼んでいただくようになると、主催者も落語の魅力に染まり始め、いろんな落語を聞きたくなります。

それこそが落語の魅力ですが、そうなったとき、私の場合は自分一人で何席も語るより、同じランクの真打ちの落語家との二人会や、もしくは前座や二つ目などの若手を構成しての落語会へと発展させていくようにしています。

かつて同じ一門だった三遊亭全楽君《さんゆうていぜんらく》と、交互にやっている江東区の団地主催の落語会があります。もともとは前座のころ、私が一人で呼ばれていた会でした。

それが3年以上続くようになると、「その値段でいいなら、もう一人前座さんを呼んでもらいたい」「ほかの落語家さんも聞いてみたい」となり、同じく前座だった全楽君（当時は「立川國志舘《こくしかん》」と言いました）と二人でお邪魔するようになりました。

おかげでお客様も増え、落語の幅も広がり、何よりお互いが「負けられない！」というい意味で刺激し合うようになり、会場は盛り上がりました。

その後、二つ目になってからも開いてもらっていましたが、二人とも真打ちになると、「それに見合った金額が払えない」と言われてしまいました。せっかく続いていたものが、ただそれだけの理由で終わってしまうのは残念です。

そこで、彼とも相談し「従来の金額のままで構いませんから、1年おきにお邪魔します」という形態に転換してもらいました。つまり、全楽、談慶、全楽、談慶……という順番で対応する形です。

無理なく運営できているせいか、その会自体は20年以上も継続しています。

「ギャラは安くなるかもしれないけれど、経費や人集めなどのリスクは分散され、主催者に負担なく開催してもらえる」のですから、長期マーケットの存続という意味で、小さな成功事例ではないかと密かに胸を張っています。

ビジネスパーソンでも、手柄を独り占めしたいあまりか、仕事を他人に任せない方が少なくないと思います。ですが、それでは長期的な成功は厳しいでしょう。

出張先からの「一筆」で差がつく！

大パーティのようなイベントは、やはりレアな「晴れの日」のケースです。普段の地道な活動の先に咲く花といったところでしょうか。大事なのは日々の土ならし。つまり普段からの土壌造成という準備作業です。

そうわきまえて毎日を過ごしていると、単発で終わるはずのパーティでも、そこで知り合った人とは長期的な人間関係を構築できるようになるものです。

あなたも同じだと思いますが、せっかく交流会やパーティで出会ったのに、名刺を交換するだけでは、その場限りで終わってしまいかねません。

出会いを特別なものにするには、メールや電話ではなく、お礼状が最適です。お礼状は、相手に「残るもの」だからです。相手に「余韻《よいん》」を与えます。

古い名画のしみじみとした終わり方を想像してみてください。ハリウッド映画のような大爆笑や大感動など、カットアウト的にスカッとエンディングを迎える映画より、じわじわとあとに残り、印象として延々と訴える効果があります。それが余韻です。

インパクトは瞬間風速的には効果をもたらしますが、それ以上に刺激の強いものが現れると、簡単に取って代わられます。インパクトは「つねに更新される運命にあるもの」なのでしょう。

その点、地味かもしれませんが、古い名画のしみじみとした終わり方は、派手さには欠けますが、味のある「残り香」が漂います。まるで瞬発力を旨とするお笑い芸人と、スタンダードな笑いで食べていく我々落語家との違いのようです。

あるいは、漫才と落語の違いかもしれません。

笑いのボルテージだけにフォーカスすると、ポップな感覚の強い漫才のほうが上かもしれませんが、鑑賞後、ほのぼのとした気分に包まれるのは、人情噺なども含めたバリエーションの幅が広い「カタチ」のある落語のほうかもしれません。もちろん、これは優劣ではなく特性の違いです。

その余韻を明らかに増幅するのが、お礼状です。談志も筆まめだったと第2章で言いましたが、移動中の宿泊先のホテルに置いてある絵葉書《えはがき》や便箋《びんせん》で書いていました。

お金もかからない上に、受け取る側には、「旅先でも自分たちのことを思っていてくれている」という「好印象の増幅装置」として機能します。

これは、あなたにも、ぜひ実践していただきたいです。**地方出張のあと、会社や得意先に手土産を持ってくる方はたくさんいると思いますが、ライバルに差をつけるためには、出張先からの「お礼状」という違う一手を打ちましょう。**

お礼状は書き手と読み手の未来をつなげる

師匠の話に戻すと、お礼状の効果は絶大でした。談志の直筆だったというのもポイントの一つですが、さらに**「その人向けのオリジナルメッセージ」を、必ず書いていた**のも大きな効果をもたらしていました。

実際、私が新人サラリーマン時代に送った明太子のお礼には「疲れたら眠ることですよ」と書かれていて、ノルマに追われていた私を考慮してくれたやさしいアドバイスにときめいたものです。受け取るや否や、会社の同僚に自慢しました。

そう考えると、お礼状はいただいた仕事や、送ってもらった品物という過去の思い出への感謝表示だけではありません。談志からの手紙を受け取った側からすれば「こんな素敵な『お返し』があるのなら、集客とか大変なこともあるけれども、また談志さんのために落語会をやってやろう」という気持ちになるはずです。

つまり、お礼状は、それからのご縁をさらに膨らませるという意味で、限りなく未来志向です。**しかも、それがメールや電話と違い、実際に手元に残るという意味では、長期的戦略にもとづくものでもあります。**

私は、下手な絵手紙を心がけています。長い文章は、ときとして堅苦しい印象を持たれますので、代わりに落語家らしく、ダジャレを施した絵と言葉をお送りしています。たとえば、第2章の最後で「ラ・フランス→洋ナシ→用無し」のギャグを披露しましたが、ほかにも、さくらんぼを送っていただいた山形のお客様には、『美味しすぎて錯乱坊になりそうです』と、イラストを添えて送りました。ギャグは案外、ベタなものほど喜ばれるものです。ダジャレの数も増えるので一挙両得です。

言葉は「他人のもの」なのかもしれません。気づかいの施された言葉は、やはり「受け取る人へのプレゼント」なのだと思います。

書面でお詫びしてはいけない理由

お礼状が「未来志向」ならば、詫び状は「過去志向」と言えます。落語家の場合、じつは「真打ち昇進パーティの案内状」も直接ご本人に手渡しするのですが、謝罪するときも文面ではなく、直に謝りに出向くスタイルが主流なのです。

前座歴9年半の私ですから、山ほどの「しくじり」を経験してきましたが、そのたびにスーツに着替えて、不快感を与えてしまった方へお詫びに出向いたものでした。

落語の中に「とりあえず、謝っちゃえ。小言は頭の上を抜けていく」というセリフが出てきますが、これは実生活も同じでしょう。さっさと頭を下げるのみです。

もっとも、落語界は「しくじり」に対する敏感さで成り立っていると言っても過言ではありません。「しくじり」とは、主に年長者が下位の者に対して怒っている状態で、後輩が「しくじった」というのは、先輩に不快感を与えたという意味です。これは芸人にとって「死刑宣告」ですが、皆様にとっても同等の場合があるかもしれません。

すぐその解消に務めなければなりませんが、大概のしくじりは謝罪の速度と態度によって緩和されます。**詫び状は時間の猶予がある分、後出しジャンケン的にも受け止められ、かえって怒りをプレイバックさせてしまうことにもなりかねません。**

しくじらない人はいません。とにかく即座に、直に謝りに出向くことです。これは我々のみならず、皆様の世界にも当てはまることだと確信しています。

言葉として「しくじった」というのは、一般の方でも使うでしょうが、感覚としての「しくじり」は、芸人特有のものかもしれません。それは「徒弟制度」のようなタテ社会の中で培養《ばいよう》された感性だからです。自らの師匠の機嫌やら生理を通じて会得していく大切なセンスであり、前座は自分の師匠をしくじらないように振る舞います。

神経が鋭敏な談志でしたから、前座時代は私も、とにかく最大限の注意を払って生活していました。すべての行動をテキパキ、手際よくスムーズにと心がけたものです（それでもしくじり続けましたが）。

また談志の場合「俺をしくじっているぞ」というメッセージを向けるのは、前座だけではありません。かつて立川流にはBコースという、談志が認めた有名人で構成された組織があったのですが、そこに所属していた放送作家の高田文夫《たかだふみお》先生にまで向けられたことがありました。人伝《ひとづて》に聞いたというラジオ番組の中で、師匠のことをいじったほんのワンフレーズだったと記憶しています。

「え、その程度で師匠が怒っているの?」というケースでしたが、それにもかかわらず、さすが高田先生、即座にスーツ姿で高級肉を持って詫びに訪れました。師匠も

「な？　高田はものがわかっている」と私たちに笑っていたものです。

もしかしたら、単に肉が欲しかっただけかもしれませんが、**「しくじりは即座に、相手が喜ぶ食べ物を持って詫びに行け」**と、高田先生から学びました。

落語家が会社員になったら出世する？

「しくじり」には、高田先生のようにスピード解決して事なきを得る場合もある一方、処分が科される場合もあります。そのマックスは立川流の場合、謹慎《きんしん》という措置です。

私は冷蔵庫の食材をすべて腐らせてしまうという「伝説のしくじり」を犯し、一か月ぐらい謹慎処分を食らったことがありました。これは「顔も見たくない」という師匠からの拒絶宣言です。

通常ならば前座修業をしながらのアルバイトは当時、ご法度だったのですが、師匠は謹慎中の私を「泥棒《どろぼう》の提灯《ちょうちん》持ちでもなんでもやれ」と大目に見てくれ、近所の中華レストランで働くことができました。

オーナーさんに理由を話したら、即「うちで働いて。人手が足りないから助かる」とのこと。昼と夜の食事付きというのも魅力で、渡りに船でした。
仕事内容は、ランチとディナー時にお客様のオーダー聞き、配膳と片づけをおこなうウェイター業、それと皿洗いでした。結構な名店で、お客様も多く、毎日忙しく過ごしていました。謹慎しているとはいえ、私としては師匠の目がそこにあるような心づもりで動いていたのですが、そのせいか、お店での働きぶりにオーナーさんが驚きました。「メニューの覚えも早く、片づけたあとはすぐにテーブルを拭き、次のお客様の案内もソツがない。うちでずっと働いてもらいたいぐらいだ」と褒めていただいたほどです。

やがて謹慎が解除されて復帰を許されたので、そのお店を辞することになりましたが、オーナーさんからは「落語家さんの修業を積んでからサラリーマンになれば、これ絶対出世するよねえ」と言われたものでした。

もしかしたら、私もワコール勤務経由での落語家という道ではなく、落語界の前座経由でワコールに入社していたとしたら、そっちのほうがうまく行ったのかもしれません。「怖い先輩や上司をしくじらないように動くこと」という、上手な「恐怖心」を利用した気づかいは、落語界特有のものでしょうが、一般の社会でも充分に役立つでしょう。

まず「自分にしくじりたくない人がいるか」を、考えてみるところから始めてみてはいかがでしょうか。「いる」という人、その経験は絶対に将来、役に立ちますよ！

「ミス」は転じて「チャンス」となりやすい

しくじりは重度の場合「クビ」となりますから、それ自体は怖いのですが、その後の対応のうまさ次第で、評価ががらりと変わるケースもあります。リカバリーショットで、道が開けるようなケースといったところでしょうか。

これに関してはうちの一門、４代目・桂《かつら》文字助《もじすけ》師匠に面白い話があります。

二つ目時分のころ、師匠のアメリカ公演に同行することになった文字助師匠でしたが、ロスから帰る際、師匠の着物が入ったスーツケースをなくしてしまうという大失態をしでかします。激怒した師匠は若かったこともあり、「スーツケースの所在がわかるまで、お前は帰ってくるな。俺は一足先に帰る！」と言い残して帰国します。

帰ってしまう師匠も師匠ですが、「同じ人間なんだから、言葉は通じなくてもなんとかなるだろ」と二日間も現地に居座った文字助師匠も文字助師匠でした。

帰国後、持ち前の交渉能力を発揮し、保険会社とかけ合います。スーツケースが出てこなかったこともあり、賠償金《ばいしょうきん》としてなんと80万円もゲットします。それを持って師匠のところに行くと、「偉い！　お前はどこか見どころがあるとにらんでいた」と打って変わって評価を激変させ、1割の8万円を寄越《よこ》したとのことでした。

「転んでもただで起きない」というしたたかな行動原理の見本のような出来事ですが、こんな実例は特殊《とくしゅ》なケースかもしれません。

ただ、日ごろこういう話を聞いていると、しくじったときの対応力が自然と身につくものです。

冷蔵庫の中身を腐らせた私も、屋久島《やくしま》漁協に直電話を入れて窮状を訴え、「子持ちトビウオのクサヤ」という、現地でもなかなか手に入れることのできない代物を持参することで、謹慎を解除してもらいました。

あなたも、先輩や上司との酒席では、かつての失敗談を聞かせてもらうのはいかがでしょう。そのミスをどう挽回《ばんかい》したのかを聞くようにすれば、武勇伝を兼ねる分、先輩たちも喜んで話してくれるでしょうし、単なる自慢話よりは参考になると思います。

スナック、呉服屋、新聞販売店が強い理由

「しくじる」の対義語は「ハマる」です。「気に入られる」という行為を、ジグソーパズルの空いた箇所に、ワンピースをあてがうかのような言葉「ハマる」で対応しているのが面白いところです。「年長者の心の隙間」にピタリと合致する行為こそが、気に入られる秘訣です。「日大アメフト問題」ではイヤな使われ方をされましたが、誰もが尊敬する人にハマりたいのが本音でしょう。

いつも「ハマっているなあ」と具体的に思うのは、地方のスナックです。どんな地方のシャッター商店街でも必ず営業していますよね。しぶとさの象徴みたいな存在です。

それ以外では、呉服屋と新聞販売店でしょうか。この2業種はどんな過疎地でも健在のような気がします。**なぜ私が気づいたのかというと、「呉服屋さんや新聞販売店さんが主催する落語会の打ち上げでは、地元のスナックで飲んでいるから」です。**

実際は人口減による売り上げ減もあるはずなので、「思っているほど儲かってないよ」との声が聞こえてきそうですが、この3業種の共通項として「新規参入がない」と

いうことがあげられるでしょう。これは強みになります。

それと「古くからの顧客名簿がある」という点もあげられるでしょう。呉服屋の場合「おばあちゃんから孫まで」と、代々面倒をみているパターンがほとんどです。

新聞販売店にしても、一度同じ新聞を取ったらなかなか変えないものです。また地方に行けば行くほど、読売、朝日などといったメジャー紙より、たとえば長野の場合ですと信濃毎日新聞などのローカル紙のほうが占有率が高くなります。東京の情報より地元の情報をありがたがるからでしょうか。

さらに「本業以外の仕事が多い」ということもあげられます。新聞配達店さんに聞くと、「何日も新聞がたまっているのを見つけて、孤独死一歩手前を発見することもある」とのこと。日々の情報の積み重ねは、警察などからも信用を寄せられているという証拠です。スナックも、夜になると地元の公民館的な役割を果たしますし、呉服屋さんの客層は落語会の客層とほぼ一致します。

これら三つの共通項を統合すると、いずれも「長期的な視野」に立っているということがわかります。代替わりしても、いずれも古くからの経営者がほとんどです。地元に信用されているからこその長続きなのでしょう。

かわいい子がいないスナック、年に何度も買わない呉服屋、ネットに地位を脅かされている新聞販売店……。逆風の中、どんな地方でもきっちりハマっています。長期にわたって、地元民にコツコツ気づかいを施してきたからこそのしたたかさなのでしょう。

環境に適応するという意味では、スナック、呉服屋、新聞販売店にはかなりの生命力の強さがあります。

ポイントは「きめ細かい気づかい」

地方都市は「人が少ない↓マーケットも小さい↓経済規模も縮小している↓若い人が都会へ出ていく↓ますます人が少なくなる」という負のスパイラルを描き続けています。

ですが、本当にそれはマイナス要素だけなのでしょうか。**「人が少ない」ということは、裏を返せばそれだけ「きめ細かい気づかいが可能だ」ということでもあります。**

田舎での落語会ですと、下手すれば来ているお客様同士はみんな名前も知っている仲間のような間柄という場合があります。

Ａさんという年配の方が落語会に来たとします。「ご当人は糖尿病を患っていて、東京に成人式を迎える孫がいる」というデータを三方で共有し合っていますから、落語会が終わると、打ち上げのスナックでは体調管理から、Ａさんにはノンアルコールのお茶が出てきます。やがて孫娘の話になり、その話を聞いていた新聞販売店は、お孫さんの成人式へ向けて、呉服屋の広告を挟み込むという流れが必然的にでき上がります。

これは、大人数がひしめく都会ではあり得ないことです。

このように、さまざまな情報を把握し合うような対応は、住んでいる人たちが少人数だからこそできるのです。こんなスケールメリットがあるから、田舎から離れようとはしないのかもしれません。

実際、私も田舎育ちでしたからよくわかります。人口に恵まれ、ある程度は「黙っていても売れる」のが都会ならば、田舎は「黙っていては売れない」のが現実です。

そのためには、時としてお節介につながることはあるかもしれませんが、コミュニケーションによる気づかいが第一なのです。

恵まれた環境は、必ずしも恵まれた結果をもたらしません。これはすべてに当てはまることでしょう。

「名選手は名監督にあらず」という言葉があります。スター選手が監督になると、その名声から観客が集まるだろうという判断から、オーナーは資金を投資し、他球団の名選手をトレードなどで補強します。**一時期の巨人は、そんな形で４番打者ばかり揃えたチーム編成でしたが、それでもなかなか優勝できませんでした。**

好条件ばかり集積させても好結果をもたらさないのは、真理なのでしょう。

お客様の少なさをカバーする「無尽」

地方の「足りないところは気づかいと人づき合いで済ます」という意識が徹底しているのは、そういった人と人とのやり取りが伝統芸的にお手のものだからでしょう。

長野県だけに限らず、もしかしたらほかの地方でも連綿と続いているシステムをご紹介します。それが「無尽《むじん》」というコミュニティです。人づき合いによる気づかいの濃さを象徴する制度ですが、調べてみると、これがあるからこそ経済が回っているのではないか、と思うくらいによくできたものです。

上田市の料亭のマスターに聞いたのですが、無尽にはさまざまなバリエーションがあるとのこと。要するに「互助会《ごじょかい》」です。

たとえば、１万円を10人のコミュニティに投資したとしましょう。５０００円で行きつけの居酒屋で月１の宴会を開き、相互の親睦《しんぼく》を図ります。差し引きすれば１人５０００円残り、トータルでは５０００円×10人で５万円になります。その５万円を、10人のうち１人が毎月使えるというのが、この「無尽」です。

もちろん、公平を期すためにくじ引きなどで、きちんとした順番を決めておきますが、１人ずつ確実に回ってくるような形なので、10人のコミュニティなら10か月に１度は５万円をもらえます。**こうなると、もはや庶民金融です。**

以上が基本ですが、いくばくかのお金（花代と呼ぶそうです）を収めれば、自分の順番が先に回ってくるなどの融通を利かせてもらえるなど、それぞれのユニットに応じたローカルルールも多数あるとのことでした。

その中の一つに「贔屓のスナック応援無尽」というものがあります。行きつけのスナックで知り合い、仲よくなった客仲間10人で、「あそこのスナック、応援しようよ」という形で結成し、毎月３０００円ぐらい出し合います。そのスナックにしてみれば、「総額３万円で10人分の飲食代」を毎月予約してもらうような格好です。３０００円はかけ捨てで、払い戻しはありません。

また、それぞれ都合もあり、いつも全員参加できるわけではありません。そのため、参加人数が少ないほど店を応援することにもなります。このような「無尽」をいくつか抱えることで、成り立っている小さな店もあるとのこと。**積み重ねはバカにならないという好例です。**

東京よりも洗練されたサービスを心がける

それにしても、よく考え抜かれたシステムです。昨日今日出会ったばかりのような人が多い都会では、絶対に機能しない形態でしょう。日本史の用語にも出てきた「頼母子《たのもし》講《こう》」の流れでもあります。

調べてみると、長野県以外では、とくに山梨県でもいまだに盛んだそうです。旧来の民間金融システムが、21世紀に入ったいまでも根強く残っていて、それが一部スナックなどの救済措置になっているのが、まさに妙です。

地方は基本、先祖から住み慣れてきた場所です。人口の少なさもあり、人物はほぼ特定できます。「逃げも隠れもしないし、そんなことをしようものなら、親戚中に恥をかかしてしまう」という気づかいが、うまい具合に作用したのが「信用」となって、それが結果「担保」にもなり、この「無尽」は自然と永続していったのでしょう。

やはり、大切なのは「人間関係」なのです。


そんな人間関係は、マイナス面でいうと「しがらみ」となり、それがイヤで人は都会に飛び出すものです。ただ、そんな都会の人たちが、新たなつながりを求めてクラウドファンディングなどに食いついているのかもしれません。談志も「古きよき日本の風情《ふぜい》は、田舎のほうが残っている」と、よく言っていました。

「売れっ子の落語家は地方を回る」とも言っていた師匠なので、私も地方をとても大事にしています。心がけているポイントは「洗練性」と「安定感」です。

東京は、会場費も高くつきますし、入場料収入が厳しいライブなどは、ある意味「ネタ下ろし」の実験場として捉えています。そこで磨き上げたネタを地方でかけて、何か所も回ってブラッシュアップし、お金を回収する形で会を運営しているのです。

東京のお客様には「初実験に立ち合える躍動感というドキュメンタリー」を、地方のお客様には「こなれて洗練された安定感というフィクション」を、それぞれご堪能いただくのを理想としています。

皆様の中にも、都会と地方では営業のやり方を変えているという方は少なくないでしょうが、東京より洗練されたサービスをご提供するという意識は、なかなか持てないと思います。しかし、そこをあえて工夫してみてください。

たとえば、本屋さんなどに行くと、よく販促用のＰＯＰが書かれています。これを、都会の売り場ではイラストつきの素朴なテイストで書き、地方ではスタイリッシュに書いて、どちらも周囲より目立たせてはいかがでしょうか。このような気づかいができる人なら、絶対に「また来てください」と言われるようになります。

なぜネットでは気づかいがなくなるのか？

きめ細やかな気づかいがあれば、小さな市場規模でも、想定以上の売り上げを達成できます。先日も、過疎の雪深い温泉地に、その雪見たさで外国人が訪れ始めてにぎわっているというニュースを見ました。インバウンドは、過疎地でも「見知らぬマーケット」に変貌させてしまう力があるのでしょう。

なぜ、外国人観光客が増えてきているのでしょうか。**機会があって、彼らに日本のよさを聞いてみたところ、「ディープネス」と言われたことが印象的です。**

たしかに日本人は、柔道、剣道、茶道、書道、華道などと、ほかの国の人々なら単なるスポーツや趣味の世界で終わるものに「道」を見出し、奥深く理解しようとします。「道」のつく世界は「礼」から入り、さらに柔道などにもなると、ケガをしないようにまずは「受け身」から教わるのです。

スポーツや趣味を、単純にレジャーとして楽しむのがほかの国の人々ならば、「長い道のり」として、歩むべき一歩一歩を「作法化」し、積み重ねるようにして奥義をたどろうとするのが、日本人なのかもしれません。じつに奥ゆかしいものです。そんな慎ましさが、自己主張が前提になっている欧米の皆様には好まれているのでしょうか。

ところが近年、そんな日本人でも「道」から外れやすいものがあります。それがネットです。私も「こんな奥ゆかしさが、ネットの世界であればなあ」と思います。

私たち落語家は「柔道の受け身」に当たる「修業」を経験します。**これは「ケガをしないためのエチケット」です。言葉は人を喜ばせる「狂喜」にもつながりますが、同時に「凶器」にもなり得ます。**

「そんな危ないものを、いきなり入りたての若者に使わせたら、とんでもないことになる」という先人たちの深い配慮があってのことでしょう。同じく一人前になるまでに長い期間を要する板前の世界で、いきなり包丁を与えないのと同じです。

そう考えると、罵詈雑言が無防備に飛び交うネットの世界でも、たとえば「ネット道」「ブログ作法」などという、一定期間の修練システムがあればいいのになあとも思います。何気ない一言で敵をつくらないための「言葉の受け身」は、自分を守る砦になるはずです。

ネットにも「日本人らしさ」を取り入れよう

何も私は、公的なシステムとして、ここで「ネット道」という新たなジャンルをつくろうと言っているわけではありません。仮につくれたとしても、それはナンセンスです。

そういう「強制的なつくり物」ではなく、ネットの世界でも「まず礼ありき」という、自分なりの手続きを積み重ねていくことが大切です。

たとえ相手が、あおり運転のような文言をぶつけてきたとしても、受け身的な言葉づかいを上手に駆使することによって、ムダな衝突は最小限に抑えられるでしょう。

そんな「ネットの気づかい」を経験値として増やしていけば、それは日本人の財産になり、ひいては他国の人たちが、それこそネットサーフィンで訪れにくるのではと、密かに考えています。ネットの世界こそ、世界中の人々が何の障害もなく、誰もがワンクリックで参入できる世界です。

自然派生的な「ネット道」に関しては、日本人の出番となるでしょう。観光地だけではなく、慎ましさも日本の地下資源です。ネットの世界へのインバウンド、あながち夢ではないはずです。

第5章

人の心を動かして、人生の主導権を取り戻そう

飽きっぽい日本人に炎上芸は続かない

日本にはいまだに、気づかいによって結びついた「人的ネットワーク」が、とくに地方では根強く残っています。「困ったときはお互い様」の精神です。

この国は、地震と台風という、世にも恐ろしい天変地異と気象に翻弄《ほんろう》される場所に位置しています。いまでこそ、地震はともかく台風についてなら、ある程度その進路は予測できるようになりつつありますが、その昔は完全に不可抗力でした。

「昨日まで何もなかったはずなのに」という理不尽な天災で家を失い、最悪、命まで落としてしまうのが、我が国の現状です。先祖代々、そんな環境で生きてきたからこそ、「人的ネットワークこそすべて」という考え方が徹底してきたのでしょう。

だからこそ、人的ネットワークを維持しよう、異分子は排除しようという働きは、非常に強いものがあります。現代でも「村八分」という言葉が残っていますが、「いじめ」や「同調圧力」、それにいま流行りの言葉でもある「忖度《そんたく》」も、こうした背景から生まれるのでしょう。そして、それはネットの上でも同じです。

前章の最後に、ネットでの気づかいについて述べましたが、最近はネットでの「炎上商法」「炎上芸」の話もよく聞きます。しかし、誰も長続きしていません。

ネットは、異分子を検出する装置としての機能も兼ね備えています。しかも、そのことが、すぐに誰にでもわかるようになっています。はみ出した言動などは、村八分よろしく徹底的に叩かれる現象が発生しました。

これが、いわゆる「炎上」です。それを逆手に取る形で知名度を上げようとするのが「炎上商法」であり、上西小百合《うえにしさゆり》さんや松居一代《まついかずよ》さんが、その代表格でしょう。一時期は集中砲火を浴びた一方、たしかに名前も知れ渡りました。

ですが、やはり長続きしませんでした。「燃やすべきもの（燃料）＝話題」がなくなると同時に、日本人特有の飽きっぽさが出てきたからです。

「飽きっぽさ」は「新しもの好き」とワンセットです。地震や台風で一瞬にして風景を変えられてきた日本は、「不変なものより新しいものを好む」のでしょう。

わかりやすい例が伊勢神宮です。「式年遷宮《しきねんせんぐう》」にもとづき、20年に1度という頻度で、橋から一新させてしまう徹底ぶりを貫き続けてきています。

海外にも炎上芸はあるでしょうが、少なくとも「日本で長続きしない」のは、私たちの特性に理由があるのかもしれません。

気づかいによる「共感力」

長年、日本人は気づかいによる人的ネットワークを培養させ、異分子を排除しようとする一方、ある感受性を高めてきました。それが「共感力」です。

司馬遼太郎《しばりょうたろう》も、日本人の特性の一つとして共感力をあげています。この国の込み入った歴史をつぶさに調べてきたデータから、歴史に残る小説を書き続けて来た大作家の観点です。まったくその通りです。

落語も「他者目線」でつくられた芸能です。「一つ目小僧の世界からこちらを見れば、異常に見えているはずなんだよ」という落語「一眼国《いちがんこく》」の世界観は、まさにそれです。欧米のスタンダップコメディが、「I think（私はこう思う）」という立場から見つめているのと好対照です。

5代目・古今亭志ん生師匠のマクラに、こんなのがあります。

大家さんが、体たらくな亭主と一緒になった長屋の女房に問いかけます。

大家さん　「なんだい、あんな男、見込みあんのかい？」
長屋の女房「そんなのないよ」
大家さん　「じゃあ、なんであんなのと一緒になったんだい？」
長屋の女房「だって、寒いんだもん」

談志は「落語の根底は飢えと寒さにある」と言い切りましたが、文明は「飢えと寒さ」の克服が、その原動力でもありました。

それが達成されたと思いきや、昨今の日本では「売れそこなった恵方巻《えほうま》きの大量廃棄の問題」などが噴出しています。「夏場は冷房が効きすぎて熱燗《あつかん》が恋しくなり、冬場は暖房が効きすぎて、今度は冷たいビールが美味しく感じられる」ようにもなりました。

一方、文明と対極をなす文化側の落語は、喫緊《きっきん》の課題である「飢えと寒さ」を、文明の力ではなく、共感する力で乗り越えようと示唆してきました。

貧乏を嫌というほど経験してきた志ん生師匠の「寒いんだもん」というセリフに、観客はたまらないほどの「ぬくもり」を感じたはずです。「寒いね」と言えば「寒いね」と返す夫婦や近所の人とのやり取りで、実際ホンワカしますもの。

「相手の立場に寄り添って、その状況を推察するセンス」は、日本人の叡智《えいち》と言っても過言ではないはずです。

スイスイと要領よく進んでいく人より、挫折経験のある人をこよなく愛する志ん生ならぬ心象も、そんなところに端を発している気がします。

昨今の「田中角栄《たなかかくえい》ブーム」も、それに当たるでしょう。彼が出てくるまでの日本は、首相といえば「東大→官僚→国会議員」というルートがほとんどでした。

そんなエリートとは真逆の「学歴のない地位から始まり、貧乏をしながらもコツコツと上りつめ、ついにテッペンをとった人の経歴」は、停滞が当たり前になってしまった時代を生きる我々からしてみれば、まぶしく見えるのは当然かもしれません。

この国の人たちは「失敗して底辺から再チャレンジしていく人たち」が好きなのでしょう。**ごく最近の例でいうと、ホリエモンこと堀江貴文《ほりえたかふみ》さんが、まさにそれです。**

「東大出の若きエリート経営者」だった人が、ある罪で収監を余儀なくされ、すべてを失った状態の「ゼロ」から始め、リベンジしていくというその著書『ゼロ』（ダイヤモンド社）は、ヒット作が多い彼の中でも最大のベストセラーになりました。

田中元首相にしても、堀江さんにしても、栄光とは正反対の「挫折」を経ているところに、庶民は、「俺たちと一緒」という共感を見出すのでしょう。

上手に「相手の共感」を刺激しよう

私たち落語家の前座という身分も、世間様から「辛い立場だなあ」と思ってもらうことで、応援してもらいやすい状態にいることを考えると、同じかもしれません。

前座とは、修業の身の上ですが、お客様から見れば「彼らも厳しい環境にいる」という共感を掻き立てられる存在に違いありません。

人工的な「共感増幅装置」が前座なのです。師匠が厳しくしつければしつけるほど、お客様はますます同情心による共感から応援したくなるものです。

真打ち制度も、それに近いです。「前座のときは、あんなにドジで落語も下手だったのが、二つ目になり、なんとか一人前になっていった」と、お客様が勝手に抱くストーリーが、真打ち昇進パーティの参加費を払う原動力へと発展します。

「前座→二つ目→真打ち」という落語家の身分制度は、日本人の共感力をうまい具合に利用した「イメージ戦略」だったとも言えるのではないでしょうか。身も蓋もない言い方で非常に恐縮ですが、よくできたシステムであると痛感しています。

これは、一般のビジネスパーソンも同じだと思います。よく「2年目のジンクス」と言いますが、1年目のほうが売り上げがよかったというケースは多々あります。**それは「まだ新入りなんだし、これから大変だろうな」などと思って勝手に買ってくれたお客様が、たくさんいてくださったからではないでしょうか。**

当然ながら、2年目以降は違った形で共感力を働かせなければなりませんよね。

気づかいを貯蓄している人のみ「許される」

落語のみならず「立川談志」という作品をつくり続けていたのが、我が師匠でした。「談志＝毒舌＝ブラックジョーク好き＝怖い」という図式が流布していました。もちろん、新弟子はそんな印象をわきまえて覚悟を持って入門します。

ところが実生活では、愛妻家で子煩悩《こぼんのう》なマイホームパパそのものでした。以前、定例独演会である「談志ひとり会」のマクラで、そのころ話題になっていた美談「ある役者が、息子の死という過酷な体験を乗り越えながら舞台を務め上げた」ことに触れ、「冗談じゃねえ。俺なんざ、カミさんが風邪引いただけで休むよ」と言ったものでした。「ライ坊」というライオンのぬいぐるみを終生かわいがっていましたし、自分が眠りに着くときには、ライ坊にまでアイマスクをかぶせてあげていました。

師匠の家を大掃除していたときも、ある兄弟子が師匠に褒められようとして、ベランダにつくられていたツバメの巣を撤去すると、泣きそうな顔で「かわいそうなことをするな。戻ってきたツバメは、巣がなきゃどこへ行けばいいんだ！」と怒っていました。穏やかなメルヘンチックでもある素顔の人が、高座の上では芸の鬼になったのですから、その差は深海とエベレストのごとくです。前項からの流れで言うと、前座、真打ちというシステムのみならず「立川談志」自体も、本人が自ら命がけでつくり上げていった壮大なイメージ戦略であったのでしょう。**その門下で真打ちになれば、「あの鬼のように怖くて厳しい談志が認めたのだ」という大きな誤解が生じますから。**

そんな毒舌タレントとしての自らのイメージに対して、談志はよく「俺は毒だの放送禁止用語だのは、覚醒《かくせい》させるために使っている」と述べていました。**つねに毒を吐いていたのではなく、あくまでもスパイス的に使っていたところが大事なポイントです。**

香辛料が料理のメイン食材にはならないのと同じで、大元たる基本が本芸の落語だったからこそ、許されていたのでしょう。大事なのは、普段との差です。

談志は、気づかいの塊みたいな人でした。第1章でも触れましたが、雑用を任せられていた新入りの編集者にも気をつかうような人です。

談志の毒舌や悪口が承認されていたのは、日ごろ蓄えてきた「気づかいが満額」になっていて、聞き手である視聴者とのあいだで「絶大なる信頼関係」が構築されていたという状況なのです。

逆に、パッと出のタレントさんが、毒舌を吐いて炎上してしまうことがあります。それは、まだそういうことを言っても許されない状態、つまり「気づかいの貯蓄」がない状態ということです。**もっというと、発言とキャラとのあいだに「債務超過」が発生しているのです。信頼関係は「気づかいの貯蓄」があって成り立つものなのです。**

同じミスをしても許されるのはなぜか？

毒舌芸は「信頼関係が裕福な人」限定で、ようやく成立します。失礼な芸風の人が、「でも舞台裏では礼儀正しい」と言われている話、聞いたことはありませんか？

これは皆さんの世界でも同じだと思います。仕事上で何かしらミスをしても、それが許される人は普段から気づかいを貯蓄していて、逆に許されない人は貯蓄がないのではないでしょうか。**債務超過しているのですから、許されないのは当然かもしれません。**

過去から現在に至るまで、いかに大衆とのあいだに信用が形成されているか。自称「毒舌キャラ」とは、表現の世界では債務超過か、あるいは自己破産の状態と言えます。まずは気づかいの貯蓄と、その流通を心がけるべきなのでしょう。

スパイスがメインディッシュの料理なんて、食べたくもありません。流行している激辛料理だって、まず美味しさが前提であるからなのです。その辺のさじ加減を誤ると、痛い目にしかあいません。

私もまだまだ、談志の弟子とは言いながらも、ここは侵しがたい領域の一つです。談志の「狂気」を背負ったのが志らく兄さんで、「芸の達者さ」を受け継いだのが談春兄さんで、「ポピュラリティー」を培養したのが志の輔師匠なのかもしれません。私は、後方から「さて、俺はどこに向かおうか」と、先頭を走る3人を追いかけてます。

辛うじて、こうして「落語×ビジネス書」の世界に、ようやく居場所を見つけつつあるような状態です。やっと家族4人を養いつつ家のローンを払い、なんとか世間並みの気づかいを負担できるようになってはきましたが、私はまだまだこれからです。

マニュアルの中に答えはない

第4章で、談之助師匠から談幸師匠にわたった秘伝の「談志との接し方」とも言うべき、「気づかいマニュアル」の話に触れました。

さらに、もしもそれが連綿と続いていたとしても、私に役立ったのかと問われたら「否」であるとも述べました。

談志の過去から察するに、言動の変遷《へんせん》が目まぐるしく、捕捉して完全に把握したなと思っても、次なるステップに上がっているという状態になるに違いありません。

この一点から、前座修業に代表される徒弟制度は、ファーストフードのアルバイトとは一線を画すべきでしょう。談之助師匠と談幸師匠とのあいだには、相互の気づかいにもとづいた絶大な信頼関係と、逆説的ですが「マニュアルに拘泥《こうでい》しない」という柔軟性があったからこそ、瞬間的な形でマニュアルが存在したのだと思います。

ここまで読んできたあなたならおわかりでしょうが、この本は「気づかいのマニュアル」ではありません。

「プーアール茶でデトックスする」とか「アロエで健康になる」とか「スクワットでやせた」とかいう本ではないのです。ここに書かれているのは、答えではありません。

そもそも、本は答えを求めるものではないでしょう。その真逆で、本というのは「問いを立てるため」や「問いの立て方」を探るために読むべきものではないでしょうか。

オリンピック選手が腕立て伏せを毎日２００回やったと言っても、誰もが腕立て伏せを毎日２００回やったらオリンピックに出られるわけではありません。

先ほどのプーアール茶にしろ、アロエにしろ、スクワットにしろ、たまたまその著者の体質や、取り組んだタイミングに合致したから、求めるべき結果を迎えたのです。

たとえば「幸せになる」という答えを得ようとしたら、その前に「そもそも幸せってなんだろう？」という形で、そもそもの答えにクエスチョンを持ち、逆算して問いをつくり上げるのが、本との正しい向き合い方ではないでしょうか？

ズバリ言うなら、マニュアルとは、本やら他者に要求すべきものではなく、本を参考にして、自分の力で自分だけのオリジナルバージョンをつくるべきものなのかもしれません。**つまり、いま読んでいる「あなた」が主役なのです！**

誰だって「自分は特別」

話を戻して、気づかいのマニュアル化が難しいのは、その対象が生身の人間であるからです。そういう意味でいうと、マニュアルとはインフルエンザワクチンみたいなものでしょうか。いくらインフルエンザワクチンが改良され続けても、毎年インフルエンザウィルスは形を変え、耐性を持つように対応してきます。ワクチンを打ったからといって、絶対にインフルエンザにかからないものではありません。

余談ですが、私は密かに「インフルエンザは、ワクチンメーカーやタミフルをつくっている会社が流行らせている」と思っています。

冗談はともかく、もしかしたら世のしくじりは、大半が「マニュアルで対応しようとする姿勢」から始まるのかもしれません。おおむね、怒りは杓子定規に扱われるところから芽生えます。誰だって「自分は特別」なのです。

パターン化や機械化などとは、正反対の行為こそが気づかいです。つまり、気づかいはマニュアル化できないものというより、マニュアル化された気づかいは、形骸化してゆくものなのです。形骸化は、堕落《だらく》をもたらします。害悪そのものです。

ここで私は、明治の官僚制度を思い浮かべます。徳川幕府が倒れて明治時代が始まると、家柄や血筋で出世が決められていたそれまでの反省から、幅広くいい人材を集めようと、試験などによる公平な選抜を前提に施行されたのが官僚制度でした。

「一定の資格を持った者が採用され、上から下への命令系統もはっきりしたシステム」は、試験で選ばれるという透明性とも相まって、多くの人から希望を持って受け入れられたことでしょう。分業制が専門性を保証し、また同時に効率を叶えることで、よりそれは発展します。こうして官僚制度は「世間への気づかい」として認識され、瞬く間に定着したのです。

やがて、それは「安定化」へと向かいますが、これは同時に「停滞化」をもたらします。**人間は安定すると「前例が当然」となってしまいます。**それは「自己保身」や冒険をしないという「事なかれ主義」へと流れ、停滞化から、さらに「形骸化」へと陥っていくのです。

そばを上司と食べるとき、恋人と食べるとき

司馬遼太郎は、自身の戦争体験を踏まえ、ここまで述べてきたようなひずみが、官僚制度の象徴たる軍部に現れたのが昭和初期だったと断定しています。

維新とほぼ同時に旧態《きゅうたい》依然《いぜん》としたシステムに別れを告げるべく、官僚制度が取り入れられました。ほかのアジア各国のような植民地になることもなく、近代化へと奇跡的に舵が切られたばかりではありません。日清戦争、日露戦争と、立て続けに勝ったことで「そのまま過去の成功事例を受け継げばいい」という悪しき風習が、知らず知らずのうちに定着したのでしょう。

それが一気に顕在化《けんざいか》したのが、昭和初期だったというのです。その後、勝てる見込みのない日中戦争、太平洋戦争へとつながっていきました。

ここで話を戻しますが、ある気づかいが成功したからといって、その成功事例にこだわりすぎてはいけません。マニュアル絶対化の道をたどり、何の検証もないまま実践すれば、このような悲惨な末路を迎えるのではないでしょうか。

かつてはエチケットとされていたものが、いつの間にかマナー違反の対象となっているものは少なくありません。たとえば、昔は「そばは音を立てて食べるのが粋《いき》」とされていました。落語の「時そば」でも、実際そうするように、音を立てて勢いよくそばをすする場面が、一番の見せどころと言われています。

しかし、あなたはいま、実際に音を立てて食べていますか？

おそらく、あなたの年齢や性別によって、この答えは違ってくるでしょう。

聞いた話ですが、仕事で上司世代と食べるときは一緒に音を立ててすすり、プライベートで若い女性と食事をするときは音を立てずに食べる男性がいるそうです。これが、時代や人に合わせた気づかいというものでしょう。

気づかいは、つねに更新し続けなければなりません。アップデートこそエチケットなのです。

「毒」は距離感が近ければ近いほど利く

先ほども述べましたが、談志は悪口や毒舌などは「覚醒させるために使っている」と言っていました。その具体例を述べましょう。

かつて談志の代表的な毒舌の一つに「三井物産のカルガモは殺したほうがいい」というのがありました。

「三井物産のカルガモ」といっても、いまの若い方は存じないかもしれませんが、1980年代、一大ブームを巻き起こした人気者です。東京の大手町にある三井物産の「プラザ池」で生まれた子ガモたちが、大きくなると母ガモと一緒に道路を渡って、皇居のお堀へと「引っ越しする」姿がかわいいと評判になりました。

根っからの談志ファンだった私は、腹を抱えて笑ったものですが、談志は「企業がイメージアップを露骨《ろこつ》に訴えている裏では、必ず何かを隠そうとしているときだ」という警句の意味合いとして述べた高座に接し、同時に戦慄《せんりつ》も覚えました。

ところが、テレビは違います。第３章でも話しましたが「記号化」されないと電波には乗りません。談志の「カルガモは殺したほうがいい」という、毒舌にしか聞こえないセンテンスのみを流通させてしまいます

おそらく談志は、毒舌や悪口を、そのあとに続く真理を際立たせるためのターニングポイントとして使用していたのでしょう。

落語などのライブでは、前後の文脈で毒の濃度も薄まり、その意図もわかりますが、テレビは時間の関係上そのスパイス的セリフのみを取り上げます。ゆえに、ますますキャラが特化してゆくのです。

悪口は距離感が大事です。信頼できる間柄での「バカ」が、侮蔑《ぶべつ》ではなく愛情を表すようなものです。

あなたも、かわいがってくれる上司から「バカ」と言われたときと、パワハラ上司から「バカ」と言われたときでは、受け取る印象は違うはずです。

そう考えると、やはりテレビには、悪口や毒舌芸は向いていないのかもしれません。

死後ほとんど悪評が出てこなかった師匠

コミュニケーションの達人の手にかかると、悪口は悪口ではなくなり、ステージの高い言葉にまで昇華します。談志は晩年「愚痴は大事だ」とも言っていました。愚痴と同じく、唾棄されるような存在である悪口にも、そのような目線を配っていたのかもしれません。とにかく、言葉に対する愛情が人一倍強い人でした。

長男坊が生まれて、師匠の家まで挨拶に行ったときの話です。人の何倍も子煩悩な談志でしたが、そこは「師匠としての威厳」をギリギリキープしながら、それでもすやすや眠る長男坊の顔を覗き込んで言いました。

「子どもは、しゃべり始めが一番かわいいぞ」

この何気ない一言は、じつはかなり深い発言なのではと思います。

たしかに子どもは、かわいいものですから、ついついかわいがりたくなります。でもよくよく考えてみたら、それはある意味、向こうの立場を考えない一方的な行為です。それに対して「しゃべり始めがかわいい」と言うのは、言葉を介してのコミュニケーションこそ一番だ、という意識の表れのようにも感じられます。

コミュニケーションは、相手を気づかって成り立つ行為です。つまり「そんなたどたどしくしゃべるような幼い子にも、その人格を尊重しようとする姿勢」が根底にあったからこそ、あれほどの毒舌を吐いても愛されていたのでしょう。

実際、師匠が悪口を言うのは、愛情の裏返しであった場合が多かったのも事実です。師匠が亡くなったとき、おかみさんが「パパがいなくなったから、いままで悪口とか言われていた人たちが、怒っていろいろ言い返すのかしら」と心配を口にすると、兄弟子のぜん馬師匠が答えました。

「いや、おかみさん。うちの師匠は好きな人にしか悪口は言っていませんでしたから、そんな心配皆無ですよ」

まさにその通りで、師匠の死後、そんな形で師匠の悪評が出てくることは、ほぼ皆無でした。

メタ認知によって「悪口」を「叱咤」にする

もしかしたら、**悪口というのは「乱暴ヨイショ」と言い換えられるべきもの**かもしれません。第三者が聞いていれば「ひどい」と感じる物言いでも、信頼関係のある相手には、ピンスポットのツボを刺激する一言にもなり得ます。

談志は若いころ、一見、傍若無人にしか見えない言葉を駆使して、各界のＶＩＰの懐にずけずけと入っていきました。その代表格が、紀伊國屋書店の創業者で、粋人と談志が憧れた田辺茂一《たなべもいち》さんでありました。

この田辺さんが「悪口」の上手な利用者で、談志の手ほどきをしたような人物です。

談志が絶頂期のころ、行きつけの飲み屋で飲んでいると「よう、テレビでよく見る三流芸人じゃねえか」と、ある老人にいきなり声をかけられます。激怒した談志は「この野郎、どうせ落語なんか知らねえくせに」と言い返すと、その老人は談志以上の粋な知識を披歴し、ついには黙らせてしまいます。その老人こそが田辺茂一さんでした。

これはあとになって、売れっ子になり天狗になりかけていた談志を懲らしめようと、あえて怒らせたという、先見の明《せんけんのめい》を持った田辺さんなりの行為と判明しました。その後、談志は田辺さんを師としてあおぎ、田辺さんも談志をかわいがったことを考慮してみると、悪口の「効能」を理解していたという意味では、さすがの田辺さんでした。

あの場面での悪口がなかったら、二人は結びつかなかったはずです。**相手をその気にさせるという意味で悪口を使うのですから、やはり田辺さんもカリスマでした。**

「ここでこういう言動を取れば、相手はこう来るだろう」という、まさにメタ認知、高度なコミュニケーションです。

談志が与えた影響は、落語の世界だけではありませんでした。波紋のように他ジャンルに広がっていきましたが、その代表的な方がビートたけしさんです。たけしさんも、高度なメタ認知力を持つ方です。

１９８０年の漫才ブームをきっかけに、ツービートとして一世を風靡《ふうび》したたけしさんですが、「俺を真っ先に評価してくれたのは談志さんだった」と、ずっと恩義を感じていたようで、師匠のお別れ会にも来てくださいました。

談志の気づかい、たけしさんの気づかい

漫才ブームの前期、NHKの漫才コンクールがありました。談志もその審査員の中にいたそうですが、ほかの審査員たちがツービートの「毒ガス標語漫才」に眉をひそめている中、談志だけが唯一「俺は評価する」と賛辞を送ったとのことでした。

談志の毒を、たけしさんも受け継いだ形でしょうか、談志の健在時には、立川流のBコースにおいて立川錦之助《きんのすけ》を、談志亡きあとは、談春兄さんのもとで立川梅春《ばいしゅん》を、それぞれ名乗っています。

最近、また落語に凝り始めたたけしさんですが、このお方も談志と同じ「危ない笑い」「毒舌」で、その名を広めたと言えるでしょう。

また、談志のような一門、たけし軍団を結成しました。発想や言動が、やはり両者は似ています。これは私だけの見解ではなく、元立川流の兄弟子に当たるダンカンさんと飲んだときも、そんな話になりました。

たけし軍団の方々とはシンパシーを感じ合うのか、ただいま水道橋博士さんの「メル

マ旬報」にて、毎月レギュラー連載も書かせていただいています。

博士さんとダンカンさんのお二人にシンパシーを感じるのは、ともに師匠という絶対的な天才に振り回された者同士という距離感からでしょうか。

気づかいに関しても、たけしさんの近いところにいる人たちからの情報を統合すると、とてもナーバスな方で、周囲への気配りに長けているというイメージが浮かび上がってきます。本当に談志とソックリです。


まるで相似形のような談志とたけしさんですが、一つ決定的な違いがあったように思います。それは「常識と非常識に対する距離感の違い」です。

談志は、古典落語という「型ありきの世界」のカリスマです。ゆえに弟子たちには、まず「型の習得」が問われます。

とくに立川流の場合ですと、他団体から比べると異様とも言うべき歌舞音曲の習得を要求されます。そこでつくり上げたテクニックこそが「型」で、それを壊していくのが「オリジナリティ」という間柄と言えば、わかりやすくなるかと思います。

真打ち昇進まで問われるのは「型」です。談志は、私の真打ち昇進披露パーティにて

「教えることはすべて教えた。あとは反社会的なことでもやれ」と、毒舌まがいのはなむけの言葉を寄越しました。

さすがに、これは真に受けるわけにはいきませんが、リテラシーを施し「世間をあっと震撼《しんかん》させるようなオリジナリティを発揮してみろ」ということを言いたかったのでしょう。なので、いまはこうして震撼ならぬ「新刊」を書く日々を過ごしています。

いずれにしろ、順序として「常識を身に着けてから非常識へ」というルートが、我々の世界です。オリジナリティは常識を覆すべきものという意味では、「非常識」に属するものですから。

「常識」と「非常識」の世界を行き来する

一方たけし軍団は、漫才自体が「型」のあるものではありません。古典としてのスタンダードなネタがないのが何より証拠です。まして、ほかのお笑い芸ともなると、自分でつくり上げていかねばなりません。

先日お伺いした博士さんのライブでは、駆け出し時代の思い出話をネタにしていましたが、下ネタを含めた「非常識の異様なる強制」の連続に、笑いが絶えない内容でした。私たちの前座修業が「常識の異様なる強制」を要求するのと好対照です。

たけし門下は「非常識な無茶ぶりの中で、自分の芸風を固めていく」というようなプロセスをたどるような形でしょうか。

私たちが「まずは型を受け継ぎ、その先にオリジナリティや個性を発揮する世界」の住人だとすれば、たけし軍団は「個性やオリジナリティを最初から発揮し続け、自分なりの独自の型をつくっていかねばならない世界」の住人と言えそうです。

ともに師匠や先輩にはかしこまるという「徒弟制度」のもと、芸のしのぎを削るという相似形はあります。しかし「型から破壊」（常識から非常識へ）が立川流で、「破壊から型」（非常識から常識へ）がたけし軍団という違いがあるのです。

談志がＮＨＫという常識的な世界の中から、非常識と見なされたただツービートの漫才を「俺は評価する」と絶賛したことは、先ほど述べました。

一方、たけしさんも、談志が落語協会を脱退し、落語立川流を立ち上げた直後、すぐに弟子入りしました。こういう即対応は一番、談志が喜ぶ気づかいです。

たけしさんからすれば、「談志さんが独立したということは、逆に妙なしがらみがなくなったはずだ」と判断し、弟子入りしたのでしょうか。**さすがのメタ認知力です。**

また、Bコースに入門後、上納金の未納が発覚したときも、たけしさんは迅速《じんそく》に払ってスピード解決しました。師匠の生理をよく知っていたのでしょう。

常識的な世界にしか身を置いていない人であれば、独立したばかりの人に入門し、さらに上納金まで払うという考えに、そもそもついていけないかもしれません。やはり気づかいの技術において、たけしさんも天才でした。

やさしい言葉をチョイスし、贈り物としよう

SNSは、さまざまな出会いをもたらします。私もフェイスブックにおいて、尊敬する先輩芸人の木村祐一《きむらゆういち》さんを通じ、カメラマンのワタナベアニさんという方と仲よしになりました。さらに、アニさんを通じて、同じくカメラマンの幡野広志《はたのひろし》さんともお友だちになりました。

幡野さんはブログを読んだり、その写真を見る限り、一見ごく普通の子煩悩な若いカ

メラマンといった風情にしか見えません。ですが、じつは医師から余命数年と宣告されています。病名は「多発性骨髄腫《たはつせいこつずいしゅ》」。現代の医学をもってしても、どうにもならないという過酷な現状を背負わされた人です。

ご縁ができて、フェイスブックでのメッセージのやり取りをさせていただいていますが、この幡野さん、語りかけてくる言葉、繰り出す言葉の一つ一つが、どれも命を持っているかのように、みずみずしく感じられるお方なのです。

まさに魂がこもっているとでも申しましょうか、言葉の世界で生きている私が、正直ジェラシーを感じるくらいなのです。

いったいなぜなのか、自分で考えてみました。ここからは想像ですが「残りのコーラの分量を悟っているからなのでは」と思いを馳せています。

小さいころ、私はよく弟と同じレギュラーサイズのコーラを買ってもらっていました。たしか、あのころは１本60円で、瓶を持っていくと10円返してもらえました。１０円ずつの小遣いの中で、コーラは貴重でしたし、母も「１本ずつね」と頑《かたく》なでした。

とにかく、いかに長い時間コーラを保たせるかに、こだわり続けたものです。残りあとわずかになると、上手に飲むようになります。栓を開けた途端に飲む一口より、明らかに少ない量のほうが満足できていました。限界が近づくほど愛おしくなったのです。

大事な幡野さんの人生を、子ども時代のコーラごときにたとえてしまい、誠に失礼な話でした。わかりやすくさせていただくために、身近な例としてコーラを挙げさせていただきましたが、私のデリカシーのなさについては後述させてください。

私も含めて大多数の人間は、もしかしたらあなたも、「無限にコーラを飲み続けることができる毎日がずっと続くはず」という、バイアスがかかった考えに包まれています。そんなはずはないのに、です。

幡野さんは、人生を「残りわずかな美味しいもの」として捉えざるを得ない日々を送っています。そんなコツコツとした佇まいが、自然と発する言葉にも有限性をみなぎらせることになり、それが結果として、よりやさしいものをチョイスしているのではと推察しています。

言葉は、やはり聞き手や受け手のもの、ひいては贈り物なのでしょう。「こんな言葉を使ったら、聞き手はどんな印象を持つか？」という自己チェックが大切です。

きっと「デリカシーのある人」とは、幡野さんのような人を指すのでしょう。センシティブな毎日を積み重ねていく気づかいが訓練となり、幡野さんはデリカシーを養っていったのではないでしょうか。

落語会はお客様とデリカシーを交換し合う場

デリカシーは、当然ながらお金では買えません。お金持ちでもデリカシーのない人はいますし、貧乏かもしれませんがデリカシーのある人もいます。

私も、50歳を過ぎて「お金持ちよりデリカシー持ちになりたい」と思っています。なぜなら、デリカシーとは知性だからです。

じつは落語も、デリカシーな気づかいを要求される狭い江戸の中で醸成《じょうせい》されました。

「上下《かみしも》を切る」という、上手から下手に顔の向きを切り替えるだけで、人物を演じ変えて話を進めていきます。逆に言えば、そのルールをお客様が理解しているという前提がないと、落語は成り立ちません。落語家は「お客様に伝えよう」と思い、お客様も「その思いをしかと受け止めよう」とする信頼関係ありきの芸能なのです。

しかも、閉ざされた静かな空間という、これまたデリカシーな場所でないとお客様の創造の翼は広げられません。私は何度も屋外で落語をやらされて鍛えられましたが、3代目・桂米朝《かつらべいちょう》師匠が「落語は集団催眠だ」と言った所以《ゆえん》がそこにあります。**落語会の現場は、相互のデリカシーを交換し合う場所なのです。**

この項目を書いていることが家族で話題になり、夕食どきに次男坊に聞かれました。

「じゃあパパ、具体的なデリカシーな行動って何？」

「いい質問だなあ。わかりやすく言うと、修学旅行のバスの中で、隣の席に座っていた女の子が、車酔いで吐きそうな感じのとき、どうする？」

次男坊が目を光らせます。私は言葉を続けました。

「そのとき、先生に大きな声で『ビニール袋ください！』とか言うと、みんなの視線を集めちゃって、その子も傷つくでしょ？　だからそういうときは、こっそり小さな声で先生に『ゴミを集めますんでビニール袋もらえますか』などと伝えて見て見ぬふりをして、こっそりその子に渡すような行動かな」

心底納得した様子の表情を浮かべた次男坊でした。

我ながら「うまい説明だったな」と悦に浸っていましたが、彼よりつき合いの長いカミさんは、そんな私を冷ややかに見つめ、こう言い放ちました。

「デリカシーのないあなたの考えとは、とても思えない」

まさに一刀両断でした。私もまだまだ、デリカシーが足りていないようです。

「デリカシー持ち」は「見て見ぬふり」ができる

デリカシーのある人は、気づかいという仮想通貨を、莫大に有する精神的な意味での資産家と言えます。

まず、デリカシーのある男性はモテます。細やかな気配りや気づかいのできる人に対して、歴史的に弱い性であった女性は、とくに敏感です。

デリカシーのある振る舞いをされたら、「あ、私は大切にされているんだな」と受け止めてもらえるに違いありません。 よほど生理的に受けつけないタイプでもない限り、ポイントは高くなります。

もっと言うと、「モテる」は対異性に限定したもったいない言葉です。本来は性を問わず、さらにあらゆる世代の人から愛される資質になる要素です。これぞ、まさに「人たらし」そのものです。

「金持ちがモテる（モテているように見えている）のは、落ち着きがあるからだ」と言った人がいました。先ほども述べましたが、デリカシーのある人は、精神的な意味での裕福な人なのかもしれません。ガツガツしていない人になるための差配です。

デリカシーの具体的な作法を一言で言うと、「見て見ぬふりができること」でしょう。前項で書きましたが、「修学旅行のバスの中で隣の座席の女の子が車酔いで吐きそうなとき」には、寝たふりをするのがエチケットなのです。

グリーン車などに乗ると、赤ちゃん連れの女性が授乳している場面にたまに遭遇しますが、私は反対側を向いて寝たふりをします。そんな細やかな気づかいが「デリカシー持ち」に向けての第一歩となるでしょう。

自分の言動を他人目線で考えてみる

落語は「見て見ぬふり」の極致の芸能かもしれません。

あらゆることにオープンだったはずの江戸においては、覗こうと思えば隣の娘が行水に浸かっているのも覗けたはずです。長屋の薄い壁ゆえ、ひそひそ話なんかも丸聞こえだったはずです。でも、それをやってしまうと、コミュニティからの逸脱を要求されることにもなりかねませんでした。

そんな見て見ぬふりの「やせ我慢」の積み重ねが、長年の平和を構築し、その平和にもとづいて、落語などの江戸文化が花開いたのでしょう。

この文化は、現代にもつながっているはずです。つねに「自分の言動が他人にどういう印象を与えることになるのか」とチェックすることで、「デリカシー持ち」に一歩一歩近づいていくような気がします。

私の本名は「幸二」というのですが、じつは「かずお」という兄がいました。残念なことに、私が生まれる前に１歳２か月でこの世を去ってしまいました。両親の切なさは想像を絶するものだったろうと、子ども２人を授かったとき改めて思ったものです。

若かった母は葬儀の際「私も一緒に棺桶に入れて」と泣きじゃくったそうです。そんな心に大きな穴が空いたようなときに、近所の人が子ども連れで訪れ、「なんでだろうなあ。うちの子なんか、ほったらかしにしておいても丈夫なのに」と、無神経に言い放ったとのこと。母は、その一言で追い返したと聞きました。

それから何年も経っているはずなのに、小さいころから私は、この話をずっと言い聞かされて育ってきました。**やはり「言葉は受け手のもの。贈り物なんだ」とつくづく思い、落語家として肝に銘じる次第です。**

兄はクリスマスに患って、あくる年1月2日に亡くなったそうですが、最近この話に関して「気づかいの見本」みたいな裏話が発覚しました。

父の葬儀の直会での席です。親戚のおばちゃんから「幸ちゃんね、いまだから話せるけど」と切り出されました。

「かずおちゃんの具合が悪くなったのがクリスマスだったから、うちではそれからしばらく、クリスマスはおとなしくするのが普通になっていたの」

身近な親戚から「あんまりはしゃぎすぎたら申し訳ない」という惻隠《そくいん》の情を聞いて、自分はいい両親、いい親戚に恵まれて育ったんだなあと胸がいっぱいになりました。

ひるがえって、先ほどの近所の人みたいなデリカシーのない人も、「そんな振る舞いをすると嫌われてしまう」という悪い見本として、私の心の中にずっと残っています。文豪・吉川英治《よしかわえいじ》の「我以外皆師なり」という言葉は、やはり真理です。

「気づかい」という言葉は「使う」「遣う」という言葉につながっている以上、「気」の投機的行為なのでしょう。しかし、使えば使うほど目減りするお金とは違います。使えば使うほど、自分へと還元されていくものです。どんどん世間へ向かって流し、それを回していくべきものなのです。

気づかいの目的は「主導権」を握ること

長々と気づかいについて述べてきましたが、いよいよラストが見えてきました。ここで少し振り返ってみます。

視覚・聴覚・嗅覚・味覚・触覚と、人間の感覚は、基本「受信する機能」がメインだと申しました。発信する＝表現するというのは、せいぜい「しゃべる」「書く」「顔の表情」くらいしかありません。

人間の存在自体が受信者として設定されているからこそ、受信者の目線に合わせての対応力こそが肝心です。そのための具体的な差配としての気づかいを、例をあげながら分析してきました。

以下「可視化」「言語化」「数値化」などを通じて、なんとなく気づかいをイメージしやすくするようにアプローチしてきました。そして最終章では、気づかいをより具現化したものが「デリカシー」ではないかと述べました。

この国は、気づかいと気づかいの応酬で、ここまで発展してきたのかもしれません。

日本には恵まれた資源がなく、あるのは「無尽」に代表されるような人的サポートという気づかいのみです。

忖度し、空気を読み合うミクロな戦いの積み重ねは、面倒くさいものですが、この国の文化の象徴でもある「きめ細やかさ」をもたらしたものでもあります。

そんな細部にまで目を光らさなければならないのは、ともすれば卑屈にもなりかねない気もしますが、決してそうではありません。

逆に気づかいは、相手に対して有利なポジションをゲットできる作法になり得るのです。気づかいの目標は「主導権を握ること」なのです。主導権が握れている状況ならば、大抵のことは乗り越えられるでしょう。

具体例はダイエットです。「満足に食べることができない状態で、長い距離を走らされるような環境」に置かれ続けていたら、それはストレス以外の何物でもありません。

しかし、自主的に「やせる」という目標を設定した上での「カロリー制限と長距離走」ならば、きっちりクリアできるはずです。

何かしら、あなたが「無茶ぶりだ」と感じたものに対して、主導権が手元にある状態なのか、つまり、無茶ぶりを「自分で差配できるレベル」に書き換えられるか、それこそが気づかいなのだとも言えます。

サービスはケチらず、過剰なくらいやる

もしかしたら談志は、弟子たちに「サービスは過剰にやれ」と訴えたかったのかもしれません。

談志は無類の映画好きで、最晩年まで足しげく試写会に通っていました。もし師匠がいま存命だとして、どんな映画が好きか尋ねたとしたら「ダイ・ハード」「ジュラシッ

ク・パーク」「サリヴァンの旅」と答えるのではないか、と想像します。

この三つの映画に共通するのは、「サプライズだらけ」という点です。どれも「これでもかこれでもか」と驚かせる演出が連続しています。とくに「サリヴァンの旅」は、私も前座時代に師匠と一緒に試写会で観たとき、そのスペクタクルな展開に酔いしれ、師匠が隣にいるのを忘れるぐらいときめいたものでした。

もちろん、弟子に「映画監督になって俺をワクワクさせてみろ」と言っていたのではありません。

ただ、気づかいに則して師匠の映画への思いをベースに翻訳してみると、「俺は映画にしろ、気づかいにしろ、なんでも感じやすい体質なんだぞ。俺をとことん感じさせるような気づかいを続けてみろ。大事なのは感じさせることではなく、感じさせ続けることだ。それが、お前の芸人としての可能性へとつながるんだ」ということでしょうか。

「つねに想定以上のサービスを発信し続けろ。俺はその受信装置になり続けてやる」

そんな師匠の思いを即座に読解し、実践し続けたのが志の輔師匠でした。志の輔師匠から前座のとき、こんな金言を授かったことがあります。

「勝負に出ようと思った時点で、勝負はついてしまっているものだ」

つねに大衆の度肝を抜くパルコ劇場での「志の輔らくご」の演出に対する覚悟が表れた言葉だったと、いまにして痛感しています。

相手の想定以上のものを提供していこう

なにも、かような師弟の争いやら張り合いだけが、気づかいの本分ではありません。

長年、帝国ホテルの料理長を務めた村上信夫《むらかみのぶお》シェフの話を思い出します。けっこう前に雑誌の対談で読んだ記事ですが、私の記憶にいまだ鮮烈に残っています。

戦時中のことです。その経歴から、調理担当として従軍していた村上さんですが、中国で終戦を迎えると、シベリア抑留を余儀なくされます。そんなとき、瀕死《ひんし》の戦友が担ぎ込まれてきました。

その戦友は「どうせもう死ぬんだから、その前にもう一度パイナップルを食べたい」

と言います。物資のない折のことですし、何よりソ連に抑留されている最中です。パイナップルなんて、とてもでないですが手に入れられません。

しかし、それでも必死に探しまわって、やっとリンゴ一つが見つかりました。村上さんは考え抜き、このリンゴを使ってパイナップルに似せたデザートをこしらえたそうです。戦友は涙を流しつつ、それを本物のパイナップルだと信じて味わいます。

不思議なことに、食べ終えると急に力がみなぎってきて、その戦友は見事に回復していったという、なんとも素敵な話なのです。

「料理の力」の凄さが伝わるエピソードですが、ここで村上さんが「ごめん、リンゴしか手に入らなかった」と言って、焼きリンゴを使ってお茶を濁していたら、どうなっていたでしょうか?

もちろん村上さんの腕前なら、最高級の焼きリンゴを提供できたには違いないでしょう。しかし「パイナップルではなかった」という思いが、尾を引く可能性は否めません。**リンゴをパイナップルに似せてしまうという「無茶ぶり」を全うしたからこそ、戦友が奇跡の復活を果たしたのではないでしょうか。**

村上さんの実話からは、**「気づかいとは相手の想定以上のものを提供すること」**という方程式が浮かび上がってきます。それにより、村上さんの「相手の幸せを祈る姿勢」がまぶしく感じてくるのです。

ここまで来ると、まさに「カリスマの気づかい」とも言えるべき世界です。

最後なので、思い切り理想を述べますが、ぜひあなたには、このクラスの気づかいができる方になっていただきたいと思います。

まずは、身近なカリスマを振り返らせましょう。私にとっては談志でしたが、あなたの職場にも、まぶしく見える上司や先輩社員はいませんか？

この本でご紹介した「気づかいのコツ」を貫き続ければ、それも可能なはずです。それから、もっと先の理想として、あなたが「気づかいのカリスマ」になるのです。この本をここまで読んでくれた「気づかいのできるあなた」なら、きっとそれは可能なはずです。

遅まきながら、私もご一緒に目指しています。

あとがき　あなたも「また会いたい」と思わせる気づかいができる

落語家による出版史上初の「気づかい本」、いかがだったでしょうか？

私は、ほぼ完全に信州ローカルで出した絵手紙集『談慶の意見だ』（信濃毎日新聞社）を皮切りに、本の執筆を始めました。

以降、2冊著した後、今回の編集担当である丑久保和哉さんと手がけた『いつも同じお題なのに、なぜ落語家の話は面白いのか』（大和書房）を書きました。

ここで「落語家とビジネスパーソン」との相関性に気づき、以来ありがたいことに『「めんどうくさい人」の接し方、かわし方』（ＰＨＰ研究所）など執筆のご依頼をいただき、気がつけば今回の本と合わせて、この5年で9冊も出していました。

前座9年半という曲がりくねった道を歩いた私ではありますが、それまでは浪人もせず大学にはスムーズに入り、いわゆる一流企業の幹部候補生というコースを歩んでいました。すべてが順風満帆《じゅんぷうまんぱん》とまではいきませんでしたが、少なくともその道から外れてしまった人たちを思いやることもなければ、気づかうこともない人生でした。

そんな私の25歳以降の人生に対して、ブリザードのような過酷な環境を与えてくれたのが師匠・談志でした。

ああでもない、こうでもないと、繰り出す戦法はとことん否定され、のた打ち回ることしかできなかったような修業時代、とくに前座の後半は、立ちはだかる大きな壁に圧倒的な敗北感を覚え続ける日々でした。


そんな「悪あがき」が、いつしか「経験」となって、真打ちとして数年も経ち、講演会や落語会、各種SNSなど、いろんな場所で語っているうちに、出版関係者の目に留まり、「若い人向けに絶対に面白い本になりますから」とそそのかされて出版し始めました。

しかし、そのころ、あの人はすでに星になってしまっていました。

「師匠の悪口やら、ひどい目にあったことでも書くか」と思って書いているうちに、いつしかそれが「感謝状」になり、しまいにはボロボロと涙がこぼれていました。

なぜでしょうか。それは、談志が「気づかいの人」だったからです。


実際、談志には慕ってくれる有名人が多く、テレビでもラジオでも現場スタッフからも愛されていました。あんなに毒舌キャラだった割に、ほとんど芸能界や落語界では嫌われていませんでした。そんな談志の気づかいは、地方での営業から、出入りしている出版社への新人（この本を担当した丑久保さん）にまで行き届いていたのです。

そんな「人たらしの気づかい」に、談志の死後やっと気づきました。

天才は、きっと私がこんな本を出すことを予言していたのかもしれません。

「やっと俺の思いがわかったか」と、照れ臭そうに草葉の陰で笑っている気がします。


今度は、ここまで読み終えたあなたの番です。いま「天才との差は気づかいの差か。ならば自分も大丈夫なのでは」と、読後に万能感をもたらすような感覚に包まれているとしたら幸いです。そんな言葉の調合を施したつもりです。

それは誤解かもしれない？

いいんです、誤解でも。談志も「世の中、自分にとって都合のいい誤解と都合の悪い誤解があるだけだ」とまで言い切っています。そんな誤解をパワーにして、ご自分で気づかいを、自分らしくカスタマイズしてみましょう。

本文でも述べましたが、この本はマニュアルではありません。読み終えたあなたが、ご自身でマニュアルをつくっていくためのきっかけになる本なのです。

それが、私から読者の方への「気づかい」になっていたというオチなのです。

この本をきっかけに「気づかい」を武器にして、元気になって前向きに生きていける人たちが一人でも増えれば、著者としてこれほどの幸せはありません。

そして、1冊でも多く、この本が売れたらもう最高です！

あなたと一緒に、日本を「気づかいの国」にできるのですから。

ご購読、ありがとうございました！　そして、ご宣伝、よろしくお願いしますね！

立川談慶

落語立川流真打ち
立川談慶（たてかわ・だんけい）

1965年、長野県上田市（旧丸子町）生まれ。慶応義塾大学経済学部を卒業後、（株）ワコールに入社。3年間のサラリーマン時代を経て、1991年立川談志18番目の弟子として入門。前座名は「立川ワコール」。2000年に二つ目昇進を機に、立川談志師匠に「立川談慶」と命名される。2005年、真打ち昇進。慶応義塾大学卒業の初めての真打ちとなる。国立演芸場をはじめ、上野広小路亭などで数多く独演会をおこなうほか、テレビやラジオでも活躍。
著書に『大事なことはすべて立川談志に教わった』（ベストセラーズ）、『いつも同じお題なのに、なぜ落語家の話は面白いのか』（大和書房）、『「めんどうくさい人」の接し方、かわし方』（PHP研究所）、『なぜ与太郎は頭のいい人よりうまくいくのか』（日本実業出版社）など多数。重版率は驚異の100%を誇る。

カバーデザイン　西垂水 敦（krran）
本文デザイン・DTP　朝日メディアインターナショナル
編集担当　丑久保和哉（WAVE出版）

慶応卒の落語家が教える
「また会いたい」と思わせる気づかい

2018年9月13日　第1版第1刷発行

著　者　立川談慶
発行者　玉越直人
発行所　WAVE出版
〒102-0074 東京都千代田区九段南3-9-12
TEL03-3261-3713 FAX03-3261-3823
E-mail:info@wave-publishers.co.jp
http://www.wave-publishers.co.jp

印刷・製本　中央精版印刷

NDC159　223p 19cm　ISBN978-4-86621-165-7